DARING TO TRUST

信任的療癒力

Opening Ourselves to
Real Love and Intimacy

修復受傷的信任感，
擁抱真正的愛與親密。

DAVID RICHO
大衛・里秋——著

譯——楊仕音
審訂——張宏秀

獻給摯愛記憶之中，
關懷我的母親露易絲，
以及啟蒙我的好友菲·荷尼·諾普，
妳們是我一輩子的記憶。

CONTENTS

CONTENTS

專文推薦

信任是愛的核心

吳若權

「我很愛你，但我無法信任你……」這是很矛盾的衝突，對嗎？但是，根據我筆記本上的記錄，這樣的問題卻很普遍地存在於前來向我尋求協助的伴侶和親子的個案中。

如果真正愛對方，為什麼不全然的信任呢？若是不信任，為什麼要愛？沒有信任的愛，能算是真愛嗎？

「你昨晚一直都沒接電話，你究竟去哪裡？」「你明明答應過我，十一點要回家，為什麼到十二點還不見人影？」「你說和前女友已經沒聯絡了，為什麼你的臉書和他的臉書裡，會貼出同一張小火鍋的照片？」……

類似的疑問，你是藏在心中千迴百折；或是會直接說出口，要求對方給你一個真相？就算他說了，你相信他的解釋嗎？

回顧我過往的人生，這些問題「似乎」都不曾存在過。我沒有懷疑別人的最主要原因，是我非常信任自己。我相信，只要能好好處理信任的問題，有關於愛的疑問幾乎就跟著消失了。

但隨著人生階段的不同，我發現對自己的信任，其實有非常不同的意義。

從前，我相信的是自己的直覺與判斷。因為個性太敏感的緣故，任何人的謊言在我眼前都無法遁形。輕易識破這些假象，我選擇和對方保持距離，甚至直接離開。有很長一段時間，甚至到現在，我沒有很多普通朋友，只有少數幾個知己好友。其中有幾位，確實不曾對我說謊，他們很信任我，因此覺得不必對我說謊；另外幾位曾說謊，但我在當下就在「情有可原」的心情下釋懷。

能夠釋懷，並不容易。那意味著我信任自己可以承擔起被對方背叛的傷害，或我已經不在乎這樣的傷害。所以，我接受了已經發生的事情，原諒對方，放過自己。

後來有段時間，我的寬恕是基於同理的憐憫。對方說謊或背叛，一定比我更煎熬。而且，啊哈，惡有惡報，老天會懲罰他，我何須如此介意呢！

接下來的階段，我懂得臣服於宇宙崇高的力量。我的信任並非只建構於對自己能力的了解，更多的是我信任宇宙崇高的力量，會提供我更強大的支持。而宇宙崇高的力量，並非為了替我伸張正義，而去處罰背叛過我的人，祂是用慈愛去感化我對這些背叛的憤怒，療癒曾經有過的傷痕。

仔細閱讀完大衛・里秋博士最新的著作《信任的療癒力》，比對我過去幾年來自我成長的過程，更加折服於這位我所敬愛的作家，他總能非常善解地悲憫眾生的處境，提供「心理」和「靈性」雙管齊下的解方，透過他溫暖的筆觸、豐富的實例、獨到的觀點，讓讀者可以自我檢視從出生到現在，我們如何解構與重建這四座信任的橋樑，包括：對自己、對他人、對已經發生的事、對宇宙崇高的力量。

里秋博士是資深心理治療師，他學問淵博、廣泛閱讀，每本著作都能根據講解理論與實務的需要旁徵博引，無論是哲學、文學、電影的取材舉例，都是為了讓讀者更加身歷其境地體會、理解。在本書中他舉出的許多實例中，我對電影「詭計」印象至為深刻，女主角隱瞞丈夫，和前男友往來，在電影結尾，向丈夫坦承殺害前男友的事實，同時將過去的戀情全盤托出，把自己從埋藏多時的秘密解放出來後，反而對丈夫產生前所未有的親密感。我讀到一絲悲涼中的溫暖，歷經生離死別之後才產生的信任，令人悵然之餘，產生相愛時就要珍惜的渴望。

我非常喜愛里秋博士的作品，到目前為止，我已經反覆讀過他寫的《當恐懼遇見愛》、《與過去和好》、《回歸真我》等幾本書。我也很敬佩遠在美國德州女子大學任教的張宏秀博士，將里秋博士的系列作品引進台灣，讓更多像我這樣很願意透過覺察自我的讀者，可以很清楚地看見自己內在的脈絡，並應用書中提供的具體方法學習成長。

幾個月前，我將自己這幾年研究靈性成長的經驗，詳細記錄出版《向宇宙召喚幸福：靈魂療癒的旅程》，書中也分享我從里秋博士的作品學到並應用的生活經驗，獲得讀者熱烈迴響。我很樂意推薦里秋博士最新的作品《信任的療癒力》，它不但可以幫助我們加強對別人的信任，也能讓自己成為一個值得被信任的人。

我一直認為：信任，是愛的核心。唯有信任，可以讓我們無所畏懼地相愛。我們無法渴求一段百分之百沒有背叛與傷害的關係，卻能夠因為信任而讓自己願意接納與釋懷，因此而更真誠地付出並得到，愛。

（本文作者為作家、廣播節目主持人、企業行銷顧問）

專文推薦

我們該閱讀這本書的五個理由

孫頌賢

有五個理由，我們都應該閱讀這本書：

第一，你渴望與人靠近，你也是個熱情的人，你相信人與人之間應該是相互關聯、相互關心，但事實上，在這個城市裡，你感覺到人與人之間的無形距離，你依然沒有放棄對人們的熱情，卻苦無方法打破僵局，那你應該閱讀這本書。

第二，你曾經受過一些傷，曾經有人欺騙過你，或是忽略了你的感受，導致你不再信任別人，甚至變得孤立，你很想掙脫孤寂帶來的禁錮，但你尚未找到方法，甚至失去信心，那你應該閱讀這本書。

第三，你是個很獨立的人，成長經驗告訴你，一切只能相信自己，事實上，你現在所擁有的一切都是自己努力爭取來的，但你卻覺得少了些什麼，你想找到童年時那種與人之間毫無防備的純真，卻不知道該怎麼回去，那你應該閱讀這本書。

第四，你總是照顧別人，承受很多，甚至忽略自己的需求，也許你很強壯，依然可以撐下去，但長久以來，已不知道該怎麼讓別人來照顧你，想休息，卻又放不下，你想找到愛與被愛的平衡點，那你應該閱讀這本書。

第五，你很努力地生活著，一直照著社會的規則走，考大學、念研究所、拼房貸、加班拼高薪、為孩子的未來打拼、假日拼命地安排旅遊……但你總覺得生命旅程中少了些什麼，生命裡似乎除了人類規則可信仰之外，難道就沒有其他規則可相信了嗎？你有這些對生命議題的疑問，卻不知道該怎麼脫離這些規則，那你應該閱讀這本書。

在一如常規的生活韻律裡，是否少了一些感動與真實呢？若你感覺到了，那就應該停下來，好好閱讀這本書。

「信任」，是一個奇妙的詞。它是指人們在面對苦難與三個巫師——脆弱、無助、絕望時，那個「我」可以依靠與信仰的港灣。不止是面對大眾與社會規則時的脆弱，也是面對親密關係時的脆弱，更是面對自己時的脆弱，那個「我」都需要「安身立命」。生命旅程中，有著大大小小的苦難，我們到底該相信什麼？我們該依靠什麼呢？

《信任的療癒力》這本書，不僅告訴我們該如何面對自己、面對親密關係、面對人際關係時的困境，最特別的是，它更談到了人們面對生命靈性議題時的不安。與其說它在告訴我們如何發展出信任的力量，更可以說，這本書在用另一個角度，告訴我們如何懂愛、如何發現愛、如何融入愛、並且如何實踐愛的本質，最後，我們都可以是愛的分享者。

這本書另一個令人激賞的地方，在於它提供了許多可以實踐的作業與練習，讓我們從實做中體驗「信任的療癒力」。筆者在拿到這本書時，也迫不及待地練習了起來，發現這本書在使用上，可能有以下提醒，希望對各位讀者有用：

第一，不要太快做練習。要體驗每一章節作者對於「信任」的介紹、說明，先要能瞭解到其中的道理再進行練習，如此才會事半功倍。

第二，不要忽略任何章節。這本書的安排是有次第演進的，忽略了某些章節的功課，會讓後面的練習變得困難。

第三，不要抗拒改變。依照本書的練習，可能會帶來一些改變，改變令人不安，但改變也是冒險的開始，也許，這個世界與你原來想的不一樣。

第四，這不只是單獨一個人的練習作業。事實上，你可以找你最親近的人一起練習、一起討論，並且相互鼓勵。有一起共修的對象，會讓「改變」變得更穩固、更有效率。

希望你也會喜歡這本書，並且從中受惠。

（本文作者為諮商心理師、國立台北教育大學心理與諮商學系教授、ICEEFT國際認證情緒取向伴侶與家族治療師）

專文推薦

信任是腦力與身心健康的重要基石

楊聰財

很高興也很榮幸接受邀請，為資深心理治療師、教師、工作坊帶領者與作家，大衛．里秋博士的著作《信任的療癒力》寫序。起頭我要說的是：這是一本值得讀的好書，因為深入淺出、理情並茂。看完全書，限於文字數量的考慮，我提出下列的心得分享（也算是一種導讀吧）：

◆「信任能力」是有腦科學依據的

我們的「信任能力」與大腦的神經化學物質同樣息息相關，特別是人類大腦中含有可減低壓力和促進心情平靜的荷爾蒙——催產素（oxytocin）。催產素是一種神經傳導遞質，由間腦「下視丘」（hypothalamus）內部產生。如果在嬰幼兒時期，照顧者或家長沒有提供足夠的親近感或身體接觸，大腦中的催產素受體（oxytocin receptors）將可能活化不完全。一旦催產素分泌不足，成年以後將變得難以信任任何一位人生伴侶的候選人。（詳見第一章）

◆信任要以「愛」做根基

自幼生長在充滿「5A的愛」的環境中，有助於實現馬斯洛（Maslow）提出的高階層的需求；「5A」代表：關注（Attention）、接納（Acceptance）、欣賞（Appreciation）、情感（Affection）及容許（Allowing）。在孩童時代，雙親對我們的情緒反應表現出愈多了解和認可，我們將會獲得愈多信任「自我」與「周遭世界」的能力。親子互動之中的理解是溝通的一種，它代表信心及確認。一個健康的幼童（一歲半到兩歲的學步期孩子）有時會跟在母親身邊維持親子之間的連結，有時會自行探索周圍。這個行為是兩種慾望的結合——「獨立自主」與「不離棄所愛的人」——同時也是我們必須嫻熟的生活模式。起初，母親是我們親子共生關係中的重心，慢慢地她成為允許我們自由離開與重返的安全港灣。信任階段的發展如下：(1)我與妳同在；(2)我能偶爾離開妳；(3)我重返時，妳仍在我身邊。（詳見第二章）

◆「親密關係裡良好的性愛」是信任的磐石

告子（孔子的弟子之一）曾說：「食色，性也。」本書作者以腦科學的觀念闡明大腦中與性愛相關的迴路。共有三種：雄性睪固酮／雌性動情激素迴路能使人產生對「多人」的性趣，無關愛情、純屬慾望；多巴胺迴路能促成我們專情地墜入愛河；催產素／血管加壓素則能為我們帶來持續的親密關係。處於第一種迴路中，我們探索冒險；處於第二種模式中，我們把握；處於第三種模式中，我們許下廝守的承諾，也就是「信守承諾，以生相許」。從大自然的角度來看，冒險是為了尋找適合「製造後代」的候選人，墜入愛河是為了「共同生育」，而廝守終生是為了「提供後代一個穩定成長的環境」。因此，三種迴路協同運作，人類才能從青少年順利進展至成年階段。（詳見第六章）

如此精闢的見解，正與愛情大師 Sternberg 在一九八六年所提出的「愛情三角理論」（PIC）：激情（Passion，浪漫、天雷勾動地火的慾望）、親密（Intimacy，快樂、如癡如醉的想要）、承諾（Commitment，穩定、心與心交流的信任）相互輝映，有異曲同工之妙啊！

◆不想傷害自己身心健康、又害人有窒息壓迫感，要多練習「放下偏執」的 FACE 技巧

作者提供的 FACE，是指要誠實明瞭自己的恐懼（Fear），建立正確的依附（Attachment）方式，經營合理的控制（Control）方法，以及不索求下得到自己應得權力（Entitlement）。（詳見第五章）真心有請讀者好好閱讀、體會、學得，利己又利人。

◆學習真正的「信任自己」

能真誠信任自己的人，才有能將難以克制生理衝動的恐懼放手的實力，也才能容

忍人生中那些毫無防備或出乎意料的時刻，所以這門修練的課一生受用。要做到真正的「信任自己」，大衛．里秋博士提出五步驟：信任自己的感受、信任自己的身體訊號、信任性愛、結交三位巫師（軟弱、無助、絕望），以及卸下「受害者」的身分。（詳見第六章）

◆提升信任核心，在生命實相中體現

信任核心是相信自己無論歷經什麼事情，都能充分地善用機會，因為信任核心存在於每個人的「內在」，不是存在於自有安排的宇宙因應個人需求的特權之中。然而可以確信的是，世間之事總能給予我們一個機會——自我成長的機會。信任可以流往四個方向：自己、他人、生命實相和靈性力量。換句話說，信任的形式包含：自我信任、人際信任、信任核心（相信生命實相）以及信仰（相信靈性力量）。如果流往四個方向的信任不平均，將導致某項（些）信任形式承受過大壓力；例如難以信任他人的結果可能是將過多壓力加諸至自我信任。因此對每個人而言，「信任核心」最重大的挑戰為如何平衡四個信任的車輪。（詳見第七章）

◆整合與提升三類自我（Ego）

作者在最後一章，期勉讀者要有能力區別「健康的自我」與「神經質的自我」，並且能進一步定義「靈性覺醒的自我」。健康的自我使我們具備選擇出實踐生命目的（其中包含擁有健康的親密關係）的功能性，神經質的自我即為等待修正的FACE（恐懼、依附、控制、應得權利）。靈性覺醒的自我是靈性我的軸心，帶來無條件且全方位的愛、生活智慧以及與周遭世界之療癒或和解能力。（詳見第八章）

我的專業是以生理、心理、環境三個面向去教育與治療身心健康。大衛．里秋博士此書內容兼顧這三個面向，文字深入淺出，並有許多感人案例（包括作者自己），總結一句：是本好書，不讀可惜！

（本文作者為楊聰才身心診所院長、國防醫學院兼任臨床教授、天主教耕莘醫院精神科主任級醫師）

專文推薦

信任：平安與喜悅的泉源

鄭存琪

在診間裡，一個個身心受苦的生命故事，在空氣中流蕩。家暴、性侵、背叛、詐騙、創傷、意外等傷害事件發生的同時，個案常會有對於生命信任感動搖或崩解的現象，這個狀況可能比事件本身的影響更加深遠，個案變得不知道如何去相信，如何去確定對方是否真誠、善意，如何才能放心地信賴、託付，心中不安全感增加，懷疑、緊張、害怕、過度警覺、防備、沒有自信、徬徨無助等情形干擾著生活，此時，想要進一步健康地開展生活，可能會困難重重。個案常需要經歷時間與考驗，才能慢慢地重新建立對自他與環境的信任感。

大衛．里秋博士著作本書的緣起，正是以「信任感重建」為核心，廣泛且深入地探討「信任」這個貫穿日常生活、自我成長與靈性生命的重要課題。他以心理學清晰完整的論述，幫助我們了解信任感建立的過程：信任能力如何受到嬰幼兒時期與過去生命經驗的影響。以正念、慈心禪與5A的愛（關注、接納、欣賞、情感、容許）來進行深入的自我探索與自我療癒。

透過信任議題的省思，瞭解自己內在的缺憾，以哀悼來接納與釋放過去曾經在信任歷程中所受到的傷害，以成熟的態度幫助自己發展出值得信任的特質，尊重、允許與欣賞自己，活出真實的我，以智慧的信任讓親密關係與人際互動更加健康。更進一步幫助我們信任生命境遇中所發生的事物，無一不是為了超越自我、圓滿生命所需要的功課。也信任超越自我的神聖力量，信任生命中本自圓滿俱足的自性，唯有安住於自性，安住於當下，信任的終極課程才算完成。

信任，是安全感的基石，是穩定自己的重要能力，心理學家艾瑞克森視信任議題為人類心理發展歷程中，第一個需要解決的任務。以客體關係理論來說，嬰兒在出生後六個月的自閉至共生階段，如果有一個夠好的母親（good enough mother，不需要完美的母親）能夠適切地辨識與滿足他的生理與情感需求，便會增進嬰兒對外界的信任與內在的安全感。

約自六個月到兩歲的分離—個體化階段起，嬰兒開始意識到母親是不同於自己的另一個人，自他的區別開始形成；當嬰兒爬行離開母親、向外探險一段距離後，會回頭查看母親是否還在，如果母親始終都在，嬰兒安心、信任了，便會再度開始更遠的探險；有時母親沒有陪伴在身邊，孩童會以毛毯、洋娃娃等物品，作為過渡性客體來替代、象徵母親的陪伴；以臨睡前說故事或唱催眠曲等方法，作為陪伴到分離的儀式；在朝向分離自主的方向發展時，孩童也會覺察到孤獨，便會要求母親對他增加關注，希望能夠重回過去與母親共生融合的親密狀況，如果母親能以一致性關愛的方式，支持孩童分離，孩童便會在自主—親密之間，學習到平衡，慢慢地增加自主性。

隨著足夠的美好經驗的支持，孩童在認知與情感上的客體恆久性可以被建立起來，母親可以被內化成一個具有穩定形象與撫慰力量的內在客體，只要孩童需要或想要，他相信母親會為他而出現，即使母親不在，這個內在客體一樣可以陪伴、安撫他。在成長的過程，如果父母親能夠允許孩童，以自己的方式嘗試不同的遊戲玩法，欣賞他的創意，在錯誤時予以指正、但同時也看到他正向的部分時，孩童會自然而然地感受到自己的能力並且增加自信。有一天，孩子會發現，早先「理想化」、「像神一般」的父母親，其實也會犯錯，也有能力上的限制，無法全然地滿足他的需求，也會拒絕或責罵他，這些趨向真實的瞭解與過去完美期待的落空，也許會減少孩子對父母親的敬畏感，但是並無損於親子之間的愛與信任。

這個孩童期的成長經驗，是建立我們對於他人、世界及自己的基本信任感與安全感，感受被愛、被接納的重要歷程。由於孩童時期，我們自己並無足夠的力量，來控制成長過程中的變數，因此心理會發展出不同的防衛機轉，來保護自體的完整性，而形成了不同的個性特質。除此之外，如果將心靈成長或宗教儀式的原理與上述歷程相比較，會發現這其中的心理動力其實是很相似的，我們可以有意識地運用上述的原則來增強自己內心的力量。

書中運用正念練習，來深刻地認識自己與生命的本質，建立深度的信任感，是作者實修的體悟，也是給讀者的珍貴禮物。平時，我們常會以不自覺的習慣模式來看待周遭人事物，當他人的表達或外境改變時，我們毫無感知，以為苦難一成不變地延續著，讓自己受苦，也影響著生活、人際關係與我們對生命的信任。而正念，是指單純地覺知當下的身體感受、情緒、想法與情境，如實地接納當下的狀況，不抗拒、不逃避、不批判、不扭曲它們，只是如天空觀看雲朵，或如尚未有概念的孩童（赤子之心）觀看世界一般，以真誠、開放、好奇、欣賞的態度，去感受身心世界。

我們會發現，原來每一個瞬間都是獨一無二的，每個因緣都是如此地不可思議，生命是如此地豐富美妙。當我們靜觀內心的想法、情緒與身體感受時，會體會到原來它們並沒有自己以為的那麼真實，而是無常、變化的，「想法只是想法，不是我」，這將改變我與它們之間的關係，從原本被想法、情緒綁架的奴隸，轉變成可以主宰意念的主人。

例如：當有憤怒的情緒或傷害人的念頭出現時，如果我可以接納、允許與觀察它的升起、變化，而不被它操控的話，我對於自己的信任感與內在力量的感知，將會大大地增加。此外，在生活中，當我覺察到自己的心理運作模式，亦包含了許多人性的恐懼、邪惡與陰暗面，明白自己的限制與界限時，我知道，其實我與他人並沒什麼不同，都受苦於人性的脆弱，這份體認，使我自然地謙卑，更能同理他人的苦難，並且願意陪伴。隨著靜觀能力的增加，會發現自己是有意識地行使想法、情緒與選擇，它們都有力量來影響自他的當下與未來，體會到自己是需要負起責任的，在言行舉止上自然會謹慎，對於生活中的人事物會看得更清晰，並以更合宜的方式處理。

如同其他的學習一樣，正念修習是需要有實修實證的老師在旁指導、見證、印證的，這也開啟了以「信任為道途」的學習之路，學習傾聽自己內在的聲音，允許自己懷疑，以自身的經驗與智慧來抉擇，讓信任之路自然地開展，畢竟，正念即是如其所是地安住於當下。隨著正念的深化，會感受到內心有一片超越善惡分別、不被動盪侵蝕、語言文字所無法描述的寧靜與明覺，這個體驗，會讓我們對生命的真實本質產生深刻的信任，對於無常世間的不安全感與執取將會自然減輕。

當我身心平穩時，我能夠瞭解事物表象背後的特質或意義，覺察與安住在這片安詳中。但是當身心過於耗弱、內心沒有力量、無法安住於正念時，可以將專注力放在一個我信任、可以全然託付的佛菩薩、神祉、師長、父母或重要他人上，輕輕地念誦祂的名字或拿著代表祂的象徵物，向祂祈禱，召喚出這份藏於內心的信任力量，感覺祂以無盡的愛，全然地接納我、疼惜我、撫慰我，讓我在這份溫暖慈愛中安歇，得到護佑與依靠。我知道，這份力量是由許多善緣結合而成，我從不孤單；這份信任的生命力量，始終安住於心中，伴隨著我，只要我需要，祂就會出現，只要我願意相信。

（本文作者為前台中慈濟醫院精神科主治醫師）

專文推薦

在謊言的世代中，重拾你我健康的信任

蘇絢慧

我們在幼年時，因為涉世未深，常有一種「單純的相信」：

相信這世界都是好人。
相信只要我對人好，人也一定對我好。
相信我不害人，人亦不害我。
相信好人會有好報。

這些單純的相信，是一種被道德或教條灌輸的信念，往往沒有經過考驗與反覆驗證，就這樣被注入在我們的認知架構中，開始被我們在生活中執行。也因此，在成長的過程中，我們或多或少要經歷衝撞與打擊；當你被騙、被害、被傷、被背叛、被操弄……你會驚慌失措、恐懼驚訝，怎麼發生的這一切和你「認定」的世界這麼不一樣？怎麼會有這樣一個可怕的世界存在？

那些騙我們、傷害我們的，可能來自於一個陌生人，更多時候，它來自一個我們非常親近的朋友、師長、手足，甚至伴侶或父母。可想而知，我們在經歷這樣傷害與欺騙時，是最沒有防禦與保護的時候，我們赤裸，沒有保護盾與盔甲，因而傷痕累累，備受嚴重打擊。

傷痕累累的我們，漸漸地走向「騙子」或「受害者」。這兩個走向都是因為信任能力崩毀；不再信任人，也不再信任這世界。而最大的崩毀是：不知道如何信任自己，摒棄所有對自己正直與忠誠的選擇，過度地認同欺騙與謊言的世界（騙子），不然就是只能無助與無力地任憑欺騙與謊言的傷害（受害者）。

這當然都無法使我們成為一個心靈健康而豐富的人。我們可能會在詭詐、狡猾、計算與阿諛奉承的社會中，不再願意誠實面對自我，也不敢與他人有真實連結與親密。我們閃閃躲躲，不願表達真實內心，更不願承認自己的感受與想法。對外在的競爭世界如此，對身旁親密關係也是如此。因為無法信任，我們就無法在關係中交出自己、分享出自己。我們太害怕在關係中被吞噬；害怕失去自我，失去自由，失去安全。

大衛．里秋博士此本新書《信任的療癒力》，如過去任何一本他的著作，開啟人的生命智慧與學識，不論從學理出發，或是真實生活的處境描寫，皆讓讀者有系統地回看自己信任感如何失去與被破壞，也重新審視自己的生命狀態，重啟與自己的對話，及進一步的經歷修復。

在本書中，大衛．里秋博士也如往常一樣，給予我們一個指引，引導我們重建信任的道路。這道路絕非一帆風順，也常要披荊斬棘，再次重建信任感的歷程，我們需要一點努力，也需要一點好機運。我們需要自己肯下功夫，學會信任自我，傾聽自己內在智慧；也需要遇見那值得信任、可以給我們機會重新體驗安全連結的對象。沒有什麼祕笈或捷徑，重建信任就是需要付出代價。

對於信任感被破壞的人而言，重建信任是相當辛苦的歷程，當我們對於重建信任無能為力時，我們就可能因此跨進「受害者」的位置。而破壞信任感的人，也必須瞭解，要重建他人對你的信任感，也一樣要付出辛苦與代價，若想逃避愧疚，或任何難受情緒而採取合理化（為自己的欺騙行為找到藉口），或視而不見、置之不理，終究信任感是不會重建，反而會走到更大的毀壞與關係無法再彌補的終點。

這本書出版在現在這個充滿謊言與欺騙的世代，對我們而言，是何等重要的啟示。正巧我們國家經歷了政治、民生生活（飲食）、國防組織等等的欺騙與謊言行為的傷害，人民的信任動搖，該信誰？該不信誰？誰也無法確信。成天活在欺騙與謊言中過日子的人民，或許只能無奈地成為受害者，或是認同謊言的世代，而成為下一個破壞信任者。

但我相信，我們不只有這兩個選擇。我們可以承認這是個詭詐與充滿欺騙的世代，我們可以不再以單純與無知面對世事，同時，我們可以重拾信任的能力，建立自己的正直，對自己忠實。當我們可以修復與自己連結的能力，我們不再搞不定自己，我們可以因此瞭解：即使這世界會有辜負、會有失望、會無法如你所預期的發生，會有人對你造成損失與傷害……你仍然會對自己有情有義，仍然會成為自己最值得信任的人，為自己選擇，為自己行動，也為自己的生命負責。

願你在這本書的引領下，即使有再大的苦痛與傷害曾經發生在你生命中，都能以溫柔及可靠的陪伴，牽引你再次與自己相遇，信任自我，成為自己最真實與最忠誠的伙伴。

（本文作者為諮商心理師、療癒系列書籍作家）

導讀

生命在信任中轉變

張宏秀

本書是大衛．里秋博士繼《回歸真我》、《與過去和好》、《當恐懼遇見愛》之後在台出版的第四本書了，我很高興本書主題與前三本書的主題：心靈整合、療癒受創親子關係及其影響、處理恐懼的各面向，相互連結形成療癒架構。恐懼與嬰幼期缺乏安全感的依附有關，這也是日後各種情緒問題的根源。成年後，建立於愛中的信任會提供安全感，即是療癒恐懼的力量。

人可以學習並建立信任能力，而健康的信任可帶來身心靈的療癒與成長。信任的能力是奠基於過去的經驗，但是信任也是當下的選擇。選擇信任自己，信任生命中所有的事件都有其意義。當我們選擇成為可讓人信任的人、當別人背叛時卻不報復，這讓我們更信任自己也更喜歡自己。心靈成長不只是理解，更是走向心的覺察及分辨，好在起心動念時能做最佳的選擇。因為在正確的選擇中，我們創造了走出負面經驗的機會。所以不論過往如何，我們可以選擇信任自己、信任他人、信任生命不操之在我的痛苦，以及信任允許一切發生的神或宇宙，然後我們的命運就會轉變，因為一切改變由內在開始！

里秋博士在書中以解說信任本質及形成為起始點，再以三章的篇幅討論人際信任的創傷與療癒的生命重頭戲，相信這才是多數讀者關心的主題。但是所有的生命議題還是要回到故事的主角身上，才不致治標不治本。所以他提醒我們審視自我信任並使其成長。作者在最後兩章提出信任生命實相與信任靈性力量的向度，雖僅佔全書五分之一，卻言簡意賅地分享，對有靈修經驗的讀者真是精彩又有啟發性！本書內容十分豐富，請您先釐清閱讀動機、或鎖定目標，才不致入寶山卻空手而回。每章後的練習題，一次無法完成也無妨，重點是落實里秋博士的問題於生活中。如果您能先寫下習題心得，再與慎選的對象分享，必會加深效果！

在里秋博士的信任座標中，橫向座標的左右兩邊代表對自己及對他人的信任。縱向座標的上下兩方代表對靈性及對生命經歷或實相的信任。四個相度間的平衡極為重要。例如，自我及人我信任是雙向道互相影響。對他人信任不足，將導致過度依靠自我信任。基本信任問題常與童年的情緒受傷受虐有關。所以當自我信任越來越成熟，就越來越能承受來自背叛的風險與痛苦，不因害怕而不願信任他人。

里秋博士認為四個向度的核心，是無條件地信任生命實相。這讓我想起中國人常是靠「認命」而活下來或度過難關。其實「認命」不消極，它是接受不能改變的事，而去做能改變的，並有智慧地區分兩者的差別。這也是基督信仰中的寧靜祈禱文，求天父賜予分辨與行動的內在智慧。以信任面對生命，我們是見機行事的改變執行者，而非自我中心掌控者，或是自憐自艾的無奈無助者。因為選擇信任，有永續的安全感，我們在所有的不可改變中，學習智慧與愛的功課，而能超越生命中的不可改變。信任生命實相是最具挑戰的向度，但也是通往愛與智慧的靈性覺醒之路！

基督宗教的信任療癒力，是建立在人神關係的場域中，建立在神人來往的教會團體及個別經驗中。基督徒的信任力是在對神的依附經驗中發展。就如嬰兒與母親的關係，人對神的信任及依附也是成長與成熟的過程。從願意祈求並信靠神的照顧開始，直到全然信任而願意說「父，一切隨祢安排」為止。而神願賜人超越人性限度的信心，即表達了祂在信任關係的主動。除此，神的寬恕即是表達祂對人性的信任。神的本質是極其慈悲緩於發怒（聖詠或詩篇），而耶穌被釘十字架時所表達的完全寬恕，顯露了祂的愛及對天主計劃（生命實相）的信任。基督徒在愛與人神關係中得以成長的信任力，為自我、人際及生命經驗帶來療癒。基督的救贖與療癒為曾受傷的信任力帶來新生命，讓基督徒在生活的經驗中看到天主的臨在，並與祂合一。

審定本書的過程，是個巡視生命地窖的經驗。在天命之年（認識自己靈性生命的階段），我再次回顧生命初期的基本信任經驗，及其後各式人際信任的挑戰及模式。我反問自己的安全感是建立在天主生養萬物的美善及基督的慈悲中嗎？或是建立在來自早年創傷而視生命為猛獸的倖存者心態，是故必須掌控一切以鞏固安全？我全然信任天父及宇宙所造的生命裡有足夠的恩寵與韌性，並能包容消化生命中的困境與創傷嗎？我真的理解一切發生決非偶然，不要為所發生的一切自責或報復，而要去發掘其意義與價值，成為更有智慧及靈性的人嗎？

所以，我相信，信任是一生的成長，我們需要不斷覺察自己的信任功課！我相信，學習信任將引領我們進入療癒之旅，帶來身心靈的療癒力！我相信，終極信任會召喚我們去臣服於靈性我（真我），而走向天人合一！

（本文作者為心理治療師、婚姻家族治療督導）

作者序

邁向完整的生命

中文版的問世令我感到萬分榮幸。本書在美國相當暢銷，已獲得許多來自於讀者的正面評價。

在本書中，我探討信任的幾種面向（對自己、他人、生命實相以及靈性力量），並將循序漸進地建立信任的具體方法提供給各位。其中，對自己的信任在追尋個人喜悅與平靜的途中是必要元素；對他人的信任則能幫助我們在面對周遭混亂時，依舊擁有穩定的安全感；而對靈性力量的信任能使我們不斷觸碰自己內在的靈性潛能。

有時我們難免會失去對自己、對他人、對生命或對靈性力量的信任。然而最終，一份持續的信任將會恆在，因為無論發生何事、無論是苦是樂，我們都必能尋找到成長和進展的契機，逐步成為一個在心理及靈性上更加健康、更加完整的人。這份內心的篤定，時時刻刻提醒著我們一項事實：

我肯定每一天發生在我身上的每一件事，
且將其視為無條件地付出愛與接受愛的機會。

我感謝我能恆久地去愛，
這股內在力量來自宇宙的耶穌聖心。
願發生在我身上的每一件事，
漸漸敞開我心。
願我所思、所念、所感之事，
都能展露關愛給自己、給周遭親友、給萬事萬物。
願愛成為我的生命目的、我的喜樂、我的靈性旅程，
這便是我能付出與接受的極致恩典。
更願我在面對卑微弱勢之人、孤單絕望之人時，
永保慈悲。

大衛・里秋

還有什麼能比我們共享的生命更為豐足、更加美好？

前言

開啟人生的信任之旅

我令自己投身於浩瀚無邊的海洋。

——尤里西斯與但丁，《神曲》（*The Divine Comedy*）

人生之旅一旦啟航，在沿途中，風平浪靜的景象實屬難得，波濤起伏的狀況卻在所難免。唯有勇者，才會心甘情願地選擇踏上一艘名為「信任」的船隻。然而，登船以後的我們，能夠全然信任它不致沉沒嗎？又能夠全然信賴同船的夥伴嗎？當每一個人在面對自身的親情、友情、愛情等人際關係，乃至於面對自身所處的世界時，對這些問題都免不了要仔細衡量一番。

其中，只有那些願意將自己投置於脆弱處境的人，才可能迎向危險環伺的汪洋，繼續前駛。如果有天我們意外落海、一頭栽進浪裡，在憂心著是否會被海水吞沒的當下，我們可以堅信自己脆弱的身軀擁有漂浮的本能嗎？現實是，身在寒意逼人、浪花拍打的海水中，即使我們雙腳賣力地蹬水，依舊無法百分之百地確保那些曾經給予承諾或是自己心中有所期待的人，絕對會向我們伸出援手。於是，人們的內心開始禁不住懷疑：是否真的能遇到一位勇敢的夥伴，在我們落難時會毫不遲疑地游向我們，帶領我們重返船隻，並且一路相伴、直到上岸？

儘管在人生旅途中，「信任他人」的確需要冒相當驚人的風險，但事實證明，即便如此，絕大多數的人仍然願意一而再、再而三地採取「先付出信任」的方式承擔風險。

有時，在我們駛入港口之際，等待我們的是堅固的忠誠——為此我們心存感恩；然而有時，等待我們的卻是夥伴的重重背叛——為此我們傷心欲絕。一個人的信任史，猶如一本人生之旅的航海日誌。

接下來出現的，可能是船錨、救生衣，或是一片不甚可靠的木板，朝著未知的孤寂與沮喪深處延續。然而慶幸的是，我們終會找到一條出路，使我們不致溺斃，並得以乘風破浪、再度前進。

寫作緣起

撰寫本書的動機，可追溯至某個難忘的個案：當時，我正為一對夫妻艾莉絲及艾瑞克（化名）進行婚姻諮商輔導。艾莉絲曾經出軌，而艾瑞克在妻子的外遇關係結束之後發現此事。他們前來接受心理治療的目的，在於信任感的重建。

在治療過程中，癥結逐漸釐清——艾瑞克無法再相信他的妻子了；即使艾莉絲是終結外遇關係的主動方，同時在自我忠誠與解決問題上，向丈夫許下十分真誠的承諾。起初，「我們三個人」都以為艾瑞克的疑慮能夠隨著時間化解，但是它並沒有發生。經過密集的心理治療，艾瑞克在重建對妻子的信任感上，始終難以起頭。

猶記與他們對談的某一時刻，艾瑞克的情緒顯得格外激動，他哭了。當下我意識到，艾瑞克的問題其實並非僅是無法相信艾莉絲而已；他的問題更加嚴重——他再也無法相信任何人了。在他的哀傷之中，蘊含著從童年經驗以來到現在「所有的」背叛經驗。他的眼淚是為了生命裡每一位將他推向自我封閉的人而流。因為這些人，使艾瑞克在遭逢必須重建信任感的關頭，動彈不得卻又無能為力。而這些哀傷的總和，將一般人自然的「恐懼情緒」轉化為「恐懼症」（phobia）。因此，艾瑞克真正的問題不是：信任「妳」安全嗎？而是：信任「人」安全嗎？

由於這次諮商時艾瑞克流下的淚，我豁然明白了信任擁有兩個層面。其一，「相信他人」可能是我們對「可靠的外在條件」所作出的回應，但更重要的前提是，「信任」必須先成為一種能力，而這項能力是由過去生命中所有關於安全感的經驗獲得。每個人的「信任能力」與他在人生航程中所感受到同行夥伴們的可靠度成正比，其中影響至深的莫過於我們的雙親了。回顧一路上學習如何在驚濤駭浪當中建立起求生技巧的經過，我們其實並不孤單。從小到大，那些曾經出現在我們生命歷程裡值得信賴的夥伴，一直如影隨形地活在我們心底，形成得以安定自我存在的內在資源，並進一步砌成我們心理面、精神面的支柱，當威脅真正來襲或是需要處理信任問題時，能夠提供我們足夠的力量。因此，喚醒這股力量的來源，正是可靠夥伴們留給我們的記憶，加上我們對這些記憶的緬懷。

換言之，信任感的連繫必須不斷強化，內在資源才能成功安裝在我們心裡，猶如充沛的井水，任我們恣意汲取，也使我們不致被偶爾遭逢的變數擊垮。早在一八三八年，美國思想家愛默生（Ralph Waldo Emerson）已於一場在哈佛神學院（Harvard Divinity School）發表的演說中提過類似觀點：「和某些靈魂交談，我們標記下回憶的光芒；因他們讓自身靈魂更加明智，為我們道出所知所想，銘刻於心。」

我時常與前來諮商的對象之間產生「同步性」（Synchronicity）。同步性是一種有意義的巧合，兼具「隨機」與「個人意義」兩項特質。每當「對的諮商者」出現在我面前，他或她彷彿道出了我內在的心聲，也唯有與他或她相談才得以一窺究竟。進行輔導的同時，我挖掘出埋藏在自己心底深處的真相，以及將此真相困於黑暗地牢內的謎團。「同步」發生的轉折點，促使我檢視自己的內心世界，並設身處地去思考：如果這是我個人或者他人的親身遭遇，應該如何面對？我和艾瑞克的交談情境也是如此，他的問題驅動我開始仔細回顧自己人生的第一堂課——建構信任能力——是否真的已經修完了？

既然這些問題令我深感興趣，我自忖，或許動筆寫書的時候到了。我決定不僅僅將目光放在伴侶間的忠誠議題，而是繼續延伸視野，試圖理解人生所有關於「信任」的議題。漸漸地，我意識到包括我本身在內的許多人，都如同艾瑞克一般，在面對他人、面對自己、面對現實以及面對超越人類的力量時，攜帶著的是早已支離破碎的信任能力（trust capacity），因此自然備受折磨。我愈是探究愈是充滿好奇，興致高昂之餘，對「信任」的體悟也因而更加深刻。接著，分享的念頭終於啟動了本書的「處女航」。

對某些幸運兒來說，由於過去的經驗充滿安全感及信賴感，「正確地」信任他人是件輕而易舉的事。多數人的信任史則或多或少穿插了些許傷害；儘管我們的父母偶爾令人失望，但大體上還算可靠。然而，對另一群從小即必須面對重重背叛和受虐經驗的人來說，心中早已烙印下嚴重的創傷，並且因而完全失去信任能力；這些重大的心理創傷會伴隨我們成長，在邁入成年以後，勢必將反映在各式各樣的人際關係上。

艾瑞克不屬於那些患有重大創傷後遺症的族群，然而打從孩童階段開始一直到他成年的這段期間，艾瑞克的確經歷了不少令他感到失望的事件，導致他對於信任一事的態度格外謹慎。信任的定義包括「願意承擔風險」，因此「格外謹慎」等於意味著「不信任」。

在接受心理諮商以前，艾瑞克與與艾莉絲從未討論過信任能力——這項有助於理解伴侶的要素。而幫助個案的案主正視他或她近期以及早年各種與信任相關的經驗，敞開心扉、無所顧忌地面對每一段經驗對案主的影響，就是如我這般的心理諮商師所扮演的角色之一。

以開放的態度逐一回溯自己的生命足跡，是「自我認知」或「增進親密感」的必要元素。列舉出至今所有參與過我們信任史的人，分別和每個人討論並且捫心自問：我是否真的由衷感激「所得」（那些值得信賴的人）、充分哀悼「所失」（那些令我們失望的人）？接著，不妨想想哀悼過後，我們是否能再向前邁一步——極小化失望與背信帶來的衝擊。因為信任撕裂的衝擊之深遠，往往超越我們想像。它，絕對不是故作輕鬆就可化解。

儘管艾瑞克對妻子的信任感崩塌是近期發生的事，但事實上，艾瑞克本身的信任能力在更早以前就受到侵蝕了。因此，造成艾瑞克目前原地踏步、遲遲無法前進的主因，並非他與艾莉絲惡化的關係，也非他對妻子外遇事件的**回應**，而是來自於艾瑞克本身**信任能力**的總和不足。基於上述理由，一方面我們將諮商的焦點凝聚於艾瑞克「信任感的建立之初」，其中包含挖掘他的雙親帶給他的相關記憶，以及分析當初他願意相信（或不願意相信）他們的背後原因。

另一方面，我盡可能地避免將這對夫妻的其中一人視作「有問題的一方」。因此，當我取得雙方同意之後，在艾莉絲在場的情況下，我花費許多時間積極輔導艾瑞克。此外，艾莉絲與艾瑞克的問題截然不同，前者關乎自身的信任能力，後者則關乎一段不受信賴的經歷——這將成為此對夫妻諮商的下一個主題，屆時艾莉絲與艾瑞克的立場會互換，艾莉絲的輔導也會在艾利克在場的情況下進行。

當一個人處於要解決、消化內心糾結的當下，如果另一半能坐在身旁靜靜聆聽，我們會因為感受到對方的陪伴而強化彼此之間的親密關係。而在每次諮商結束後，我會轉身詢問「聽眾」的心得。這個輔導模式可有效協助其中一方學習信任，而另一方學習同理與傾聽。更好的是，這樣還能滋養雙方的親密感。

對艾瑞克和艾莉絲這對夫妻而言，他們真正需要的心理輔導在於奠定基礎，與重新開始一段親密關係大同小異。這讓我不禁聯想到，究竟有多少伴侶能夠充分覺察到，他們出問題的地方不是一時的不忠，而是最根本的信任能力。

依照艾瑞克與艾莉絲的期望，我先著眼於修補他們彼此之間信任的裂痕。此時我們三人都發現，第一步必須把長年以來累積而成的傷口打開，才能使受損的信任真正癒合。

試想，信任的反義是什麼？不是「不信任」，而是無法信任的「絕望」；因為缺乏信任等同於全然放棄相信他人具備值得信賴或實踐承諾的可能性，也就是同樣身為人類，我們卻對其他同伴不再抱有任何希望。艾瑞克的案例將這個概念以相當深刻的形式展露無遺。他長年活在絕望的深淵，而妻子艾莉絲勢必早已注意到這點，只是她未必能夠具體言喻。唯有當信任問題浮上台面、無所遁形，當所有相關情緒剎時湧現，當我們終於能將這一切賦予詞彙、訴說出來，另一半與我們之間的「信任能力」和「可靠程度」才得以共同擴充成長——還有什麼比這些更珍貴的呢？

需求、恐懼和風險

「可靠程度」（trustworthiness）指的是一個人擁有多少值得信賴之處。它是人生的首要需求，也可能成為我們內心深處最深的恐懼。在發展成年人際關係的過程之中，它是我們必須承受的最大風險。

我們身邊出現的人，一部分值得信賴、另一部分則不然——這是人生的代價之一。

所謂的信任風險，意思是：敞開心房、接受他人忠誠的對待，而當忠誠消失時，能夠正視悲傷的情緒，並且盡可能地避免報復心態。

成年人的信任是有但書的，這個但書通常建立在親身經驗和明智判斷的基礎上。一個人的言行紀錄是否良好（指標包括穩定一致的公平表現、誠實為人以及付出忠誠的愛），決定他值得信賴的程度。精神層面覺察性強的人，就有能力無條件地相信正義、真誠與愛的力量。雖然沒有人可以保證自己或他人的言行永遠符合以上典範，但至少應該相信當我們親身實踐這些美德時，世界會朝著更好的方向發展。

我們很難做到無時無刻都相信自己，卻我們可以選擇這麼做——無論他人如何待我，我都可靠待人；而當我辜負了對自己的承諾時，我會做出彌補。你將發現，拋下但書、無條件實踐此事的收穫，就是能療癒信任的傷口。換句話說，這有助於你在受到辜負或背叛時不會輕易崩潰。自此，我們不再著眼於「身為受害者」的感受，而是將焦點轉移至「成為一個可靠的人」的決心。當然，我們身邊還是可能出現不值得我們信任的人，我們也依舊會感到哀痛或受傷害；然而，只要試著不以怨報怨，傷痛就能減輕，我們也會變得更加喜愛自己。我在這裡想表達的，並非是要你成為天真、容易受騙的人，而是分享一個事實：**一旦你愈來愈相信自己，連帶地，你會愈來愈能夠區別出誰是真正可靠的人**。

簡單來說，就是設法採取成熟的生活態度，如此一來，我們對於「信任他人」的恐懼將會減低，同時我們也比較不容易因為他人而自亂陣腳。**雖然還是不可能就此信任周遭所有的人，但是我們能確保旁人可以放心地信任我們**——出於以身作則。舉個淺顯的例子：到公共泳池游泳時，我會在下水前選擇把錢包交給「某位」可信賴的人保管，而其他人則大可相信我不會去偷他們的錢包。

本書要談的，是從人類對信任感的需求、恐懼和風險為出發點，探討如何學會信任以及如何成為一位值得信任的人。首先，我將引導讀者思考信任的意義與它在情感層面的源頭。接著，本書會進一步討論信任的四個對象：他人、自己、現實，以及靈性道路上更為崇高的力量。

我期盼能透過本書，與你們共同巡視、搜索這艘「信任」之船裡頭的一間間船艙——無論這艘船在危機四伏的海洋中是順利航行，或是瀕臨沉沒。信任的必要條件將隨著這趟旅程呼之欲出，而我們也會逐漸發現自己應該相信誰、如何重建崩塌的信任感，以及如何停止在曾經辜負我們的心靈中尋找愛。同時，本書還會提及成人與孩童的信任方式之間有何差異。

其中最關鍵的是，我們將會理解，每一種人類的恐懼皆屬於信任問題。我們不僅是單純地對親密關係、承諾、情感或付出真心感到恐懼；回顧信任之船的航行軌跡，最黑暗的部分在於我們**對自我信任的恐懼**。然而，每一個人都終究能化危機為轉機、無所畏懼地踏上旅程，讓我們把旅程的名稱改為「迎向風浪（風險）」吧！

練習　探索自己的信任史

在翻開第一章之前，不妨檢視一遍你的個人信任史。列出在生命每個階段你所遇到令你信任的人，並分別在這些人的名字後面寫下與對方的信任經驗。接著，試問自己以下的問題：

- 於我而言，對方有多麼真誠、堅定且值得信賴？
- 對方向我承諾過什麼？他或她有遵守承諾嗎？
- 哪些部分是因為我的個人信念或投射而產生的期待？哪些部分是彼此之間明確的約定？
- 一旦信任關係破裂，對方是否願意承認、彌補，或是對信任關係的重建採取開放態度？
- 當信任關係顯然不會實現時，我仍選擇繼續相信嗎？
- 其中是否存在任何重複模式？
- 我是否曾經為了遭到背叛的經歷而充分釋放悲傷的情緒，並且在釋放過後，於人生道路上繼續前進？

- 無論別人如何對待我，我都能維持自己可靠的特質嗎？
- 我是否曾對身旁那些可靠的人表達過感激？

這樣的練習就各種層面來說都有相當的幫助，列舉如下：(1)可使你察覺到，目前具備的信任能力，其實與過去的經歷息息相關；(2)可使你對他人與自己的連結模式更加理解；(3)可使你認清你是如何將自己的期待融入對他人的信任關係之中。(4)可提示你對信任的恐懼和自我設限，是來自何方。

一個人的「信任能力」絕對擁有成長的可能性，而你也將因此變得更加善於定下個人界線，以免遭他人利用。當你一步步接近問題的核心以後，你將發現「信任他人的方式」直接受到「自我信任史」的影響。在你探索過後呢？你不妨設想一下另一種信任模式的可能——一種充滿創意、成就感和建立在現實之上的信任模式。

第1章 何謂信任？

就某種意義而言，我們是自己的父母，依我們對美善的自由選擇，生育了我們自己。

——納祥主教，《聖額我略講道集》（*Homily on the Book of Ecclesiastes*）

信任的定義

你可能對信任一詞的由來感到好奇。人類創造這個詞彙，其實是因為我們知道何謂「不信任」。我們對事物的認知多是源於它的反面，如果世上沒有「不信任」，我們就會輕易地將「信任」視為理所當然。同理，沒有體會過冷漠，就難以感受愛；從未沖上岸的魚，又何須定義水？

《美國傳統英語辭典》（*The American Heritage Dictionary*）對「信任」的解釋如下：「堅定又充滿希望地信賴、倚靠某人或某事物的忠誠度、正直性以及能力。」信任絕非依賴外界，而是一股內在的確定感與帶來安全感的自信；也因此，它仰賴的是「可信度」（reliability）。然而，可信度的要素是由人們的感知和期待組成；由於它掌握在別人手中，當我們操之過急、不留任何轉圜餘地時，可信度的要素就可能會提早瓦解，或者無法維持。世上任何一件超出我們控制範圍的事，皆可能提升焦慮感、增添複雜性；而可信度本身的不確定性，使得「信任」成為一項盤根錯節的難題。把它和寵物對主人的態度兩相對照，其實頗為相似。在學習信任的過程裡，如果寵物發現事情在主人的掌控之中，牠們將會非常樂意相信主人。

「信任」（trust）源於古挪威語 traust——意思是相信或幫助；它同時與德文的 trost 具有關聯，這個詞代表安撫或慰藉。根據以上字源，信任是一種對人事物的確定感，因為我們有把握它／他們不會令人失望，所以感到安慰。換句話說，當周遭顯示出的忠實特質為可預測的、並且一再發生，我們就會選擇信任，往後也會對這些對象更有信心。「現在式」的信任將「過去式」的經驗與「未來式」的機率相互連接。

我們習慣將「信任」當作名詞，因此對信任的第一印象往往是一種「心理狀態」；但如果改由動詞的角度來理解信任，會發現信任其實更接近一種「人際處理」，是用來形容自己與他人的連結方式。

信任不是一種感受，而是基於我們本身的推測或是旁人對我們許下的承諾，以相信外界為起點。當某一個人「可信」的相關證據愈來愈多，我們對他的信任感即能轉化為人際關係中持續的特質。伴隨可信度而生的則是「自在安心感」（a sense of safety）和「安全感」（a sense of security）；在此提醒讀者，無論處於何種階段，信任還是隨時有摧毀的可能。自在安心感是指能在言行和情緒方面「自由自在做自己」的情況之下，一種「安全無虞」的內在感受；而安全感則代表一種相信在危急時刻「一定會有人在身邊支持」的內在感受。舉例來說，信任政府的涵義是：我們相信政府可以使人民免於傷害，並且能夠保證人民的自由、成為人民安居樂業的支柱；而信任他人的涵義是：當他或她在身旁，我們能夠擁有安全感和自在安心感。

如果我們堅持只與帶來安全感的人相處，「信任智商」（trust IQ）將隨之提升。經年累月下來，我們會發現自己逐漸變得精通於識人之道，而詐欺高手會在我們眼前無所遁形。反之，如果我們選擇常年與無法帶來安全感的人相處，識人能力就會慢慢退化。

至於與甫結識的人來往，因為缺乏相關事實或經驗，我們對信任的選擇就多半仰賴直覺了。此時，判斷指標建立在臉部表情與肢體語言的觀察之上；靠著解讀對方的言行舉止，我們決定此人是否值得相信。這種情境的信任屬於一種社交事件，也是一種雙方互為鏡映的信任和可信度關係。

信任出於假設性的推論；類似於人們因為支持某隊或認為某隊的獲勝率較高，因而能在事前推測運動比賽的結果。有時，我們可能會無條件地選擇相信，例如我們會相信某位臨時以手機通知就前來造訪的客人一般。絕大多數的時候，信任是一場賭局；信任的後果為何，取決於被信任那方的回應與行為。身為成年人，我們理解到應該在評估和判斷之後才作出決定，而「信任與否」其實操之在自己手裡。

當我們決定信任某一個人，代表我們在對方面前卸下了自我武裝，因為我們相信對方不會傷害我們，或至少不會故意傷害我們。我們相信對方無論如何沒有惡意，因此即使我們受了傷，也是情勢逼人、出於雙方的無奈。以更加深入的方式而論，受傷（hurt）是人生的必然；而傷害（harm）則是自己的決定——決定使它加諸於自己身上。

隨著我們與伴侶之間的連結愈來愈緊密，「期盼對方值得信賴」的動機已不再是為了自我保護，也不再是為了避免因為遭到背叛和失去對方而感到痛苦。基於對自己充滿信心及安全感的前提，我們清楚自己擁有「哀傷的能力」並且相信自己能夠處理任何不測；此時，期盼互信的真正動機，在於培養彼此之間更進一步的親密關係。

成年人的信任根基超越了「你無法傷害我」的想法，而是奠定在「無論你怎麼待我，我都全然信任自己」。雖然在面對伴侶的辜負或背叛時，我們難免會感到訝異、不解或哀傷，但是「請別再傷害我」這句話僅代表我們已經承認「受害事實」、並且想要將此傳達給對方知道罷了。堅強的「自我內在」能夠認知：對方有時會打破自己許下的承諾、改變過往的喜好，此時結果自然不如預期……等各種情況。

成年人回應此事的態度大致是這樣的：「萬一令人失望的事情發生（希望不會），我會加以面對、處理，同時我的心態已經準備好了。如果能投入更多心思到現實中，就愈能把過往遭到背叛的經驗視為客觀的受害事實，而非雙方關係的跌宕起伏。」事實上，當我們拋掉「關係起伏」的思維，同時不再以投射、判斷、權利資格的角度切入，並且放下所有不切實際的期待時，不管對方是否能自我覺察，他們都一定會因為心理負擔減輕，而增加待在我們身邊的意願。

所謂的投射是將個人主觀的想法、感受、信仰或情感，加諸在他人身上，並想像他人與自己的各類情感一致。一般而言，當我們對他人許下的承諾有所質疑、躊躇不前時，即會產生心理投射。切記，客觀描述才具備可信度，舉例而言，「本校已決定錄取您」的通知，直截了當地載明了學校將我們列入學生名單之中並允許我們在此校修課；可見客觀聲明具有「合約」的意涵。

但是主觀陳述則不然；對方說「我愛你」時，背後所隱含的意義為「我不會離開你」——這多半出於我們本身的**想像**以及**心理投射**，缺乏「合約」性質，更不代表說話者的承諾。當然，我們可以理解一般人會將此陳述與我們的期望相互連結，但願「我不會離開你」的意義能夠成真。只是決定是否成真的「可信度」必須經過時間考驗，才能進一步轉換為「這麼長的日子過去以後，你終究仍在我身旁」，唯有如此，你說出口的「我愛你」才確實等於「我不會離開你」。也只有到了此刻，人們才能真正合理地相信對方的陳述，同時確定它的延續性。

然而，我們依舊必須提醒自己，對於主觀陳述的推測是一種發於自己內心的期待，不代表雙方的約定或協議。此外，除了認清「期待不具備任何效力」，還得警惕一點：即使雙方訂定了實質協議，也未必代表協議內容將能持續被履行，而我們唯一能夠做到的是：在無法證明對方不值得信賴以前，先選擇相信。

明智的不信任

對我們而言，先抱持信任態度是最好的一條路，但理智地洞察如何「適時地」相信旁人仍然至關重要。每一個人或多或少都有過受人欺騙、蒙蔽、愚弄或辜負的經驗。毋庸置疑地，信任必須基於對某人言行的觀察結果，視情況而定。畢竟，某些一開始看似可靠的人，最後卻成為信任的反證；而另一些人則習於愚弄他人，以持續欺瞞或設下考驗信心的騙局為樂。

回溯人類歷史，詐欺師、油腔滑調的推銷員永遠存在。在信任的世界裡，他們是獵人、是典型的騙子。這些人極擅長在人群之中搜尋出天真、易受騙或輕信他人的獵物——典型的無辜受害人。獵人往往能夠說服獵物自己值得信任，並透過偽裝將謊言包裝為實話。獵人鎖定的目標物當中，某些可能只是因為本性單純，但另一群獵物上當的原因，則來自於貪婪或是妄想抄捷徑來收成利益。

對於人與人之間健康的信任關係，這兩種典型——騙子和受害人——都會發揮削弱、甚至抵消的作用。本書接下來的內容會著眼於如何開發靈性的覺察力，以避免成為這兩種類型的人。透過訓練自我的同理心與正直的態度，我們可改正欺瞞、愚弄他人的缺點，並有助於下定決心、無條件地做個值得信賴的人。只要遵循內在的智慧，自然就能拋棄沒有價值的動機，以及避開那些企圖在我們的信任本質中佔便宜的傢伙。

另一個有趣的現象是，同樣這兩種典型的人也會出現於資訊傳播的領域；在企業新聞發佈方與讀者兩端，分別以操弄者和被操弄者的姿態現身。大多數看新聞的觀眾，會假設自己正在目睹完整的真相報導；然而，事實卻是每一則報導通常朝向符合企業利益的方向偏倚。換句話說，當我們無法從較為公正客觀或符合自我利益的立場審慎評估時，我們堪稱是資訊食物鏈裡的獵物，而非資訊充分的公民。

從歷史教訓中我們發現，與毫無防備的人相較，謹慎小心的人擁有更多生存優勢。而過度樂觀或是警戒心薄弱的人，成為受害人的機率相當高。但是，如果在日常生活中，我們對原本值得信任的人時時抱持著懷疑的態度，那將會摧毀對我們而言非常重要的人際連結。當周圍充滿威脅和危機時，嚴陣以待或許是安全之道，但同時我們仍應遵守「以心為中心」（heart-centered）[1]的原則。

此外，某些人僅在無關緊要之處表現得不夠可靠——這絲毫無損他們平時付出的愛。例如你有一位老愛遲到的朋友，他的不守時完全不會減少他對我們展現出的友誼和忠誠。因此關於信任，我們可以輕易地界定出自身的「容忍限度」（allowance），並且將信任專注在對我們而言實質重要的特質之上。這同時說明了我們即使對某人的信任有限制，在這個情況下我們依然能愛著對方。

信任的拉丁語為fiducia，而「信託關係」（fiduciary relationship）是一種受託人與委託人之間的人際關係；在此關係裡，受託人的行為受到委託人的信賴。這建立在我們（委託人）相信受託人不但會優先考量我們的利益，並會在面對我們的利益時誠實以待、妥善管理以及貫徹執行。以下為各種信託關係的實例：客戶相信銀行不致作出蓄意欺騙的行為、人民相信政府的財產稅務部門能合理課稅、善良百姓相信警方以保護我們為己任、消費者相信市售食品應該不含毒素而標示內容物為「豆類」的罐頭不會以玉米充數、路上其他駕駛員不會殺了我們、櫃台職員沒有說謊、父母將照顧子女、伴侶值得信賴。

但這不代表我們對於受託人的信任是出於無知。在信任的同時，我們理解任何掌握權力的個人或組織皆有機會走向腐敗之路；而受到貪婪與剝削支配的對象可能包括每一家企業、每一項財務政策，乃至於政府對食品的檢測監督或是其他任何一種信託關係。事實上，無論政府或組織當初的創立宗旨如何崇高，大部分仍存在有內部貪腐的問題。權力使人腐敗，連同「誠信可靠的初衷」也隨之腐敗，而嚴重腐敗的掌權者甚至會產生「道德失憶」（moral amnesia）。馬克・吐溫（Mark Twain）曾針對以上現象語帶幽默地嘲諷：「在立法院的議事期間，沒有一個人的生命、自由和財產是安全的。」

因此，若採取反向思考，以上有關信託關係的描述正提醒著人們：對政府抱持**明智的不信任**，實為建國的根基。以美國而言，從和英國國王交涉的經驗當中，睿智的建國者們發現，人民不可能永久或無條件地效忠國王，考慮自身所受到的待遇是否公平是「必要的」。而他們也發現由人民發起的獨立政府，出於人性使然，必須擁有內建的保護機制——這是制衡體系的起源。三種政府機關[2]有彼此審核、監督的義務，而行使投票權的公民則應負起監督政府的責任。換句話說，每一個在此大環境中的人民，無時無刻都該「明智地不信任」，這等同於「明智地信任」。

1. 譯注：此處表示在理性判斷之餘，內心不失對愛的感受與連結。
2. 譯注：此處係指美國三權分立的行政、立法、司法機關。

如果我們的信任是要排除盲信或愚忠，以維持明智而謹慎的覺察，就必須定期地審核包括代理人、產品和服務等各式各樣的項目，除了某些例外——我們無法審核現實，在現實面前，我們只能選擇承認或自我調整。我們也無法審核神的存在、超越人類的力量與佛性（Buddhanature），因為信仰是將「審核」抽離出來後所得到的信任，唯有使自己投身於超越人類衡量及人類影響的神秘領域，信仰才能成立。

別忘了，要培養自我照顧的能力，「自我信任」（self-trust）的學習永遠應該置於第一位。如前所述，學習自我信任的方式之一，是定期審視那些對我們「推銷忠實」的人。而更重要的是，我們應該審視自己是否真的信任自己，一旦出現自我否認、錯誤回顧和投射作用——許多人在閒來無事時的習慣，我們便要格外警醒。因此，除了定期審視周圍之外，定期審視自己的內在是絕對必要的；我們毋須因此覺得尷尬或不自在。我由衷盼望各位能夠將本書中自我練習的單元當作內在審查的輔助工具，以便在需要時有效地自我詰問（self-arraignment）。

信任能力

相信大部分的人已經欣慰地發現，我們信任能力的「起源」得自於旁人明智的投資——父母對你投注的關愛。在早年的成長經驗之中，一個人如果感受到父母或他人值得信賴，本身的信任模式將能自動啟動，並能進一步相信這個世界也同樣值得信賴。信任彌足珍貴的特點之一即是它的擴散效應，能將「個人經驗」推衍、延伸成一種對待不同人的「普遍態度」。

通常「健康的信任」在生命早期就已經安裝成功，它也決定了我們日後辨別他人可靠與否的能力。另外，健康的信任能力應該富有韌性（resilient）。擁有足夠的韌性，就算一時受騙（每個人都勢必遭遇過的經驗），也能捨棄報復之路，並從中習得經驗、繼續前行。一個自認擁有「應得特權」（entitled ego）——意指偏執於自我滿足——的人，一旦覺得外界無法尊榮自身的渴望，就會處心積慮地思索種種復仇途徑。反之，一個具備健康自我的人，則能在處於相同情境時先試圖去理解，或是在條件允許下尋求和解之道。而我們的韌性，就是在經驗與靈性整合以後，帶領我們前行無滯的指標。

然而，如果成長經驗裡，雙親缺乏值得我們信任的理由，我們的不信任感也會隨之延伸至周遭一切。我們可能因此變得悲觀、憤世嫉俗或玩世不恭。不論結果是信任還是不信任，兩者都取決於最初的照料提供者（caregivers）：依據跟他們的相處經驗，我們得出結論，並進一步將此結論延伸至對待整個世界的態度。因此，當家長或照顧者向我們證明他們能穩定一致地貫徹其言行可靠，健康的信任能力將**從此**根深蒂固地灌輸到我們的內心深處。

每個人來到世上以後，對信任的學習能力或開放程度也可能不盡相同，這牽涉到科學家目前尚未充分釐清的先天因素——基因。其他不應低估的因素還包括出生前的子宮環境；因為即將出世的胎兒還未發育出足以對抗皮質醇（cortisol，腎上腺皮質素的一種）等壓力荷爾蒙的補償回饋機制，因此可能會受到包括母體在懷孕期間所承受之心理壓力等因素而產生的負面影響。我們身上所承載的性格基因與母親懷孕時任何細微的情緒變化，在在牽動著每個人信任能力的基礎。幸好，信任能力始終存在，也能夠加以修正，有了雙親付出的關懷和展現出的可靠言行，孩童永遠有完整學會信任的機會。

就演化學的角度來看，身為哺乳動物一員的我們，信任史更是悠遠。某些學者認為，信任能力或許根本毋須由家長或照顧者親自「安裝」或「灌輸」，因為它源於古老的遺傳印記，一代代傳承自我們的祖先，刻劃在我們身上。既然這項能力屬於全體人類共同繼承的財產之一，信任自然可以「自行產生」。

我們的信任能力與大腦的神經化學物質同樣息息相關。人類大腦中含有可減低壓力和促進心情平靜的荷爾蒙——催產素（oxytocin）。催產素是一種神經傳導遞質，由中腦「下視丘」（hypothalamus）內部產生。如果在嬰幼兒時期，照顧者或家長沒有提供足夠的親近感或身體接觸，大腦中的催產素受體（oxytocin receptors）就可能活化不完全。一旦催產素分泌不足，我們成年以後將會變得難以相信任何一位人生伴侶的候選人。

在體驗親密關係、擁抱、觸摸或性高潮時，催產素會流入血液中。產後婦女在哺乳時，催產素的含量也會提升，讓親子間的連結關係能在平靜的狀態下增進。而在催產素扮演「舒緩壓力」角色的同時，我們也將因此感受到更多的安全感、舒適感和自在安心感——這些都是人際關係中加強信任感的基本要素。科學家以大腦掃描技術發現，當人們回想起所愛之人並觀看他或她的相片時，大腦中含有催產素的區域立刻受到活化。

就生理學的角度來看，人類對自我情緒的處理能力、對他人情緒的理解和接受能力，甚至是日常心理壓力的管理能力，全都取決於大腦眼框額葉皮質區（orbitofrontal cortex）。大腦此區域的生長狀況，直接相關於我們在嬰幼兒時期與母親的連結，尤其是與母親「肌膚相親的連結」。因此，我們的原生家庭與原生社區環境，連同主要照顧者的行為，都直接影響嬰幼兒大腦構造的發育，且此構造的開發，必須耗時五年才算完全。換句話說，雙親或其他重要之人與我們的情感連繫和肢體接觸，會構成一股強勁的力道，逐漸塑造出我們今日的性格面貌。

討論至此，其實真正要緊的還是**我們對於童年時期照顧者的體驗**。即使其他人從旁觀者的立場，可能會對你的童年經驗提出不同於你的見解，或是採用所謂的「客觀衡量」或「客觀標準」來評估你所接收到的關愛及照顧程度，但這完全沒有實質意義——畢竟你對親子關係的感受為何，才是關鍵。

前面所提及的「肢體接觸」，是信任感的核心。缺乏肌膚之親，我們無法確認對方的關愛。世上有成千上萬的人渴盼著肢體交流。為什麼呢？因為我們向來習於壓抑自己對「和他人觸碰和交流」的需求；然而這股壓抑，其實正突顯出我們有多麼迫切地想知道「自己對於伴侶到底有何需求」。成年之後，我們可能會把「性」視作幼年時期需求「觸摸及擁抱」的替代品。於是，成年人想以生殖器間的交流，來代替、滿足心靈與心靈間的交流。

有些人可能會走向另一種極端：恐懼肢體接觸，並進而錯失情感的「生命力」。學會自我信任的人，在摟著他人肩膀、適時給予一個親切擁抱的時候，不會感到有何困難或尷尬，而這些舉動也的確對他人意義重大。對此心懷恐懼的人不妨試著拋棄自我設限，如此一來你便能往前邁進一步：更加信任自己，而他人也更加信任你。肢體接觸不過是將信任以擁抱或親吻的姿態呈現出來罷了。

> 人，若藤蔓豐盈，若生命相依；
> 予以擁抱，復得力量。
>
> ——亞歷山大．蒲柏（Alexander Pope），《人論》（*Essay on Man*）

需求以及需求的展現

對大部分的人而言，雙親是足以仰賴的。他們日復一日地供應食宿，並為我們擋風遮雨。然而這並不代表他們時時都能克制自己掌控、評斷或輕視我們的衝動。這些言行表明了他們對我們的「不信任」，也因此會導致日後我們難以信任自己。肚子疼痛時，我們能明確地告訴父母，但我們內在的直覺感受該如何陳述呢？「獲得照顧」是人類幼年時期最基本的生存需求，那麼深層的內在成長需求又究竟是什麼呢？

根據亞伯拉罕．馬斯洛（Abraham Maslow）提出的需求階層理論（a hierarchy of needs），生命基於「缺乏感」（deficiency）而產生需求，其中最基礎的兩類為生理需求和安全需求，如食物、住所、歸屬感及免於傷害等需求。這些基礎需求為所有哺乳動物的共通需求，而人類還具有一種更高層次的需求：追求自我成長，馬斯洛將此歸類為高階的自我實現（self-actualization）的需求。由於使用「缺乏」一詞可能會妨礙我們對本能需求的理解，不知不覺貶低其重要性，因此目前科學家已避免階層式或對立式的分類，而傾向從全面一體化的角度重新闡釋需求。在個體成長發育的歷程，無論是低階或高階的需求都同等必要。如食物對我們來說不僅是生理燃料，在心理或心靈健康方面的貢獻也功不可沒。

在此我們可將需求視作光譜，並暫且簡單分類為「迫切的生存需求」和「深層的情感需求」。生存需求首先包括生理需求——生命需要基本的溫飽與遮風避雨處。生存需求還進一步包括對生理安全、心理安全及人際歸屬的需求。每個人都必須確保自己不會無端被踢出家門，且雙親不會無端虐待我們；也必須確保無論我們待在家庭或其他環境之中，都能感到自己受到保護且安全無虞。

孩童對他人信任能力的養成，除了需要自身不安的警鈴響起以外，還需要父母在其不安時能予以理解（attunement）與保護。一旦我們發現，即使恐懼和壓力當前，我們仍然能夠隨心所欲地掌握和調整情緒，那我們的信任能力就會隨之成長。「得自他人的安全感」是一種不可或缺的需求，但這在「信任能力的發展」和「需求滿足」兩方面而言，不過是最基礎的元素。簡言之，兒童在信任感最初建立的時候，安全感與自在安心感必須先由他人供應，而當心智發展邁入完全成熟期（full maturity）以後，就能轉化為個體的內在資源，使我們得以透過自己的力量，滿足自我實現的需求。

要滿足有關情感面及追求自我成長（自我實現）的需求，其必要條件是給予「時間、空間與所需的資源」，如此一來，個體才能成為愛默生所形容的「發自內心想成為的人」。馬斯洛提出的高階層需求包含充分發揮潛能、尋找並達成人生使命、期盼真實的自我能受旁人所愛、建立一種可以尊榮以上需求的人際關係等等。

生長在充滿「5A的愛」的環境中，有助於實現高階層的需求。所謂的「5A」是指：關注（Attention）、接納（Acceptance）、欣賞（Appreciation）、情感（Affection）及容許（Allowing）。其中最為關鍵的是容許，因為唯有獲得足夠的容許，我們才有空間盡情地體驗人生，也唯有如此，才能打破感情、選擇或自我表達的框架。以下由三個面向來討論容許：

1. 我們能夠自由地表達感受，並且不會在過程中受到干擾、懲罰和嘲笑。
2. 我們可以擁有絕對的許可和鼓勵，去表達、活出我們內心深處的需求、盼望和價值觀。
3. 照顧者或家長為我們眼前的道路排除障礙，適時地保護我們、啟動我們的能力，使我們學會自己做決定，並在準備好時能獨立前進。

生存需求在於確保擁有健康的生理發育過程，而情感需求則關乎心理的自我成長和自我發展。當我們能夠擁有一個安全無虞的家時，生存需求便獲得滿足；反觀情感需求的滿足條件則是：我們在家中能感受到家人的重視，並且我們能夠「從家啟航」，展開一段嶄新的人生旅程。生存需求但求舒適，情感需求卻涉及挑戰。

人類的基因設計絕大部分是為了滿足生存需求。至於要如何滿足情感需求、打造健康的人際關係呢？我們與生俱來的配備顯然不足。因此，在親密關係的課題及自我成長的追求上，**我們必須格外努力**，將其優先次序向上調整，才能抗衡「力求生存」的基因預設模式。這同時解釋了為什麼許多人會願意待在一段看不到未來的關係之中。若依理智行事，我們應該能維持健康的個人界線，選擇一段令自己幸福的健全關係；然而一旦回到預設模式，我們就禁不住想像自己若是少了親密伴侶，將不利於生存。

在成年以後，生存需求與情感需求之間的區別，可以從建立關係的兩種動機中看出。第一種是單純為了生理安全或心理安全而建立的關係，意即所有哺乳動物共通的動機。第二種則是為了滿足親密關係裡彼此長久的承諾——這是身為人的自我實現。

如果我們一味地向他處索討，而忘了以我們那已成年而能自我守護的內心世界為根據地來建築安全感，可能會把自己推向更深的匱乏與絕望之中。反之，如果是內在已將安全感建構完成之後，再向外尋求親密伴侶，我們便能擁有一種開闊而無所匱乏的新感受。自此，我們將再也不需要他人來「填補」內在空虛，而只要他人來「豐富」內心世界。美國哲學家亨利．梭羅（Henry David Thoreau）如是形容：「我會到你身邊，我的朋友，當我不再需要你的時候。屆時，你發現的將是一座殿堂，而不是救濟院。」

如果我們在成長階段無法及時滿足童年的情感需求，成年以後又沒有盡力加以反省、修正，則不宜匆促踏入成人的親密關係。因為我們其實只是在追求一段能彌補或替代兒童時期所缺的情感，如對方的照顧（替代自己的雙親）。雖然的確有機會找到某位剛好與我們互補的伴侶（渴求擔任父職或母職的成年人），但是這種類型的人通常本身也有急待解決的童年心理問題。由此可知，無論你的性格屬於「渴望照顧他人」或「渴望受人照顧」的類型，都算是「偽成人」。其次要注意的是：當親密關係變質為親子關係後，由於性愛（Eros）不該再是其中的一環，因而性關係將可能成為雙方進一步衍生而出的問題。

一般而言，成年人需要外界提供的生理或心理安全，不像幼童那麼多。然而，如果你追求的是「童年層級」的安全感，可能就會因為害怕失去內心「幼童型態的依靠」，而出現對一段關係過度執著的情況。在成熟的伴侶關係裡，雙方在 5 A 的付出和接收是對等的。反之，一段基於彌補童年安全需求的關係，其中一方必須依賴扮演家長角色的另一方，這將嚴重影響信任的判斷力。親子關係的本質是盲目而無條件的，因此我們可能會死守著一段令自我成長停滯的關係。

孩童對照顧者有百分之百的期待，他們會預期家長滿足他們在生理安全與心理安全上所需求的一切。在成年以後，多數人學會了從自我、親友、寵物、事業、心靈規劃或大自然等各式資源中發掘安全感。如此一來，我們對於人生伴侶或某位親近的特定人物的「安全感需求依賴」將自動減低至百分之二十五以下。

對於追求「童年層級」安全感的人而言，這個比重當然無法滿足他們的需求——因為他們把情感需求也當成生存需求。生存需求通常具備極大的迫切性與強度，因此一段關係的結束可能會導致其中一方產生自殺意圖。慣於依賴的一方在伴侶離開時，會因被迫抽掉個人情感依歸的希望而感到空虛失落，還會因為內在資源原本就很匱乏而無法讓自己成為自己的心靈支柱。這導致我們誤認為「失去伴侶」等於「失去一切」，而使得排山倒海襲來的孤獨感加深了「一無所有」的錯覺。可悲的是，自我信任不足會讓我們成為一個完全仰賴他人生存的人；而如果我們對伴侶過度依靠，在失去伴侶時，就可能會被那份依賴反咬一口。真相是：世上沒有人應該倚賴單一資源而活，否則單一資源一旦消失，你必然會感到自己頓失依靠，猶如一條四處漂泊的船隻。活在自己一手打造的錯覺裡，我們終將荒蕪。

簡單來說，人類對生理安全及心理安全的需求，其實與人際關係的發展密不可分——但僅限於生存。在「與人相愛」和「自我實現」的需求上，應以5A的姿態呈現（關注、接納、欣賞、情感、容許）。如果早期的相關經驗偏偏都不巧令我們對上述元素感到失望，信任能力勢必會出差錯；這個差錯的名字便是「恐懼」。對於親密關係的恐懼，不是起因於我們害怕與人親近，而是起因於失望。我們預先想像承諾之後，緊接而來的必是失望，就像我們會「一朝被蛇咬，十年怕草繩」一樣。幸好這種懷疑可藉由正視、接受現實的方式破除，而現實是：人的一生難免會遇到某些欺騙我們的人，但這不代表每個人都會欺騙我們。不論是什麼情況，我們都有能力從失望中重新爬起，蛻變為一個更加成熟的自己。

殘破的信任史與依此建立的關聯性，會長期影響著我們。每一次燃起希望而後被澆熄的約會經驗，都彷彿芒刺在背，留在心裡某個脆弱的角落。將自身暴露於失望或遭受拒絕的風險中，的確必須付出心理代價。偏偏信任受創的點點滴滴，會如影隨形地跟隨著我們，久而久之，便形成自責或「自己不夠好、不值得獲得長久的愛」的感受。在我們重視的人面前，這是極其自然的反應，不須為此感到難為情。

隨著我們從經驗中逐漸成長，旁人的影響力將會逐漸變弱，因為我們內在的資源會愈來愈富足。這使得周遭對我們自身的觀感不會再被如此放大，我們看待這些觀感的態度也會更加超然。接下來，我們關注的重心會移轉至別處：當與他人互動時，如何培養我們個人的真誠和慈悲。

停止把拒絕看得太嚴重，先學會多愛自己——這遠比「目前是否有人追求」有意義得多。同時你會啼笑皆非地發現，就在你的氣質神態因內在轉變而改變之際，吸引伴侶（而且是心理健康的伴侶）將變得輕而易舉。然後仔細瞧了，在尋找人生伴侶的路途上，你甚至可以擁有多於以往的選擇權，而不必總是被動地等待別人的邀舞。

唯有滿足以下兩個條件，才能真正改變你的氣質神態。首先，累積充足、穩定的安全感，使其成為唾手可得的內在資源。透過反覆累積而形成的內在資源，有助於我們將對待外在的態度從「需求」升級為「連結需求」（a desire for connection）。其次，徹頭徹尾地無條件接受一件事：人性本就變幻無常。以理解取代恐懼與責難，如果可能，何妨索性自我娛樂一番？

解讀自己

身為一個嬰兒，安德魯發現自己對食物的需求，無奈他的家長未必每次都能注意到他的飢餓，因此他得學會放聲大哭。而當安德魯需要一個擁抱時，他可能會以不同的哭聲加以區別。同時，他必須相信母親能理解自己的表達方式與表達目的之差異。安德魯的各種哭法，各自代表著「肚子餓了」、「需要抱抱」或是「幫我換個尿布」。嬰兒的哭泣必須有人能正確解讀，經過一段時間以後，每一位母親都會對寶寶企圖表達的「話」翻譯得更加精準，寶寶也更能安心信任母親。這是「理解需求」與「滿足需求」的良性循環——安德魯在親身體驗提出需求、獲得滿足的過程中，對執行力（a sense of agency）及效能感（a sense of effectiveness）的信心大增。這份執行力及效能感將陪伴他一輩子，並會隨著年齡持續成長；目前為止，安德魯的人生看來無往不利。

四十年後，離婚的安德魯獨坐在家中看電視，既無聊又寂寞。他聽到內在的自己正在哭泣，他將其曲解成對零食的需要。矛盾的是，他需要的其實不是食物，而是擁抱。安德魯失去翻譯真實需求的技能，母親當初從他身上學會的正確解讀，成年的安德魯卻依然非常生疏。

嬰兒時期的安德魯認為，只要他的成長需求獲得滿足，便可放心地相信周遭的世界。那時，他為「幸福」下了生平第一個定義：回應和填補自我需求。這同時賦予他內在的珍貴資源——信任能力。可惜安德魯沒有繼續投資在這個內在資源上，而最好的投資，是選擇正視並處理自己內在的需求，特別是關於情感的部分。

很可惜的是，健康的童年經驗，並沒有讓他成功避免錯誤解讀自己的需求；因為解讀自己的能力，來自於持續不斷地累積「自我信任」。成年後的安德魯不知該去何處尋求幸福，這使他重蹈覆轍。他極可能又轉而求助於零食和宵夜，然後為此賠上了自己的健康。

人類常見的行為模式是：留意到需求，接著尋求填補之道。因此當我們自認需要食物時，就去超市；需要一顆阿斯匹靈時，就去藥局。情感需求也不例外。當我們自認需要一份無條件的愛時，同樣會依循上述模式：立刻尋找供應商。誰是情感的供應商呢？一位可信賴的伴侶。

換個方向，其實不妨先探索自己。第一步，我們可以設法壓抑想要立即尋找供應商的念頭，從**追隨內在需求**開始，觀察看看如此一來，需求會以何種模樣呈現在我們眼前。第二步，才是去尋求滿足之道。現在我們應能提升解讀需求的正確性了。「需求」彷彿是那隻帶領愛麗絲進入洞穴的兔子，引我們到仙境一遊，發掘原本未知的潛意識，並從中認識真實的自我。

上述過程可以幫助你**在不假思索地衝向「情感供應商」之前，停下來花些時間面對自我**、**探索自我**。你會發現，自己之所以需要一份全心全意、無條件的愛，或許反映了某種童年的缺憾，而這個缺憾可能是基於「應得特權」掌控內在所導致的不成熟抗爭，也可能是沒有灌溉足夠的愛給自己。接下來的自我練習是透過需求的帶領，使我們更加瞭解自己。

練習　順從你的需求

在這項練習和其他所有的自我練習中，你都必須從生活的小處著手來啟動改變，並逐漸推動自我成長——此做法有助於累積你的自我信任。生命重建如同嬰兒學步：緩緩踏出慣性的負面框架，憑藉「每一個微小成就」帶來的自信，迎接更巨大的挑戰。自然而然地，你對自己的信任也能隨之成長，因為你意識到自己正把精力投注在有助益的事情中，而且你就是自己專屬的照顧者。

這項練習很簡單：**留心你的需求，跟隨它，再設法採取有創意的方式滿足它**。現在，你正解讀自己的需求，將它當成「自我認識」的運作資源；你會發現，你的需求正告訴你一些關於自己有意義的訊息。這比你即刻去追求一時的滿足有趣得多。而你甚至會挖掘出另一個新的需求，一個較為確切的需求，使你得以往自我認識的更深處走去。

注意，此處的「更深處」或「深度」指的是在萬事萬物、眾生眾相背後，富有意義和價值卻難以形容的真實（reality）。一旦你能信任自己在每一個選擇、每一個行為背後，內在既有的「清明覺性」（an enlightened nature）都屹立不搖時（儘管有時候表相看來與「清明」背道而馳），你就擁有了深刻的自我理解。就這層意義而言，深度代表一段經驗或真實反映在靈性的面向。

試著回答以下問題來解讀自己的需求（將答案紀錄在日記或電腦裡，對有些人可能助益更大）。

1. 在這一刻，我覺得自己有何需求？
2. 如果沒有滿足此項需求，我害怕將會發生什麼事？
3. 關於此項需求，我對自己的內心訴說了什麼？例如：「有此需求是錯的（或對的）」、「我的能力不足以找到滿足需求的方法」、「我的需求應該（不應該）被滿足」、「這是我的應得特權」、「滿足此項需求，人生將從此變得幸福」……等等。
4. 你對此項需求感到熟悉嗎？它來自童年時期嗎？
5. 當我有類似需求的時候，接收過什麼訊息（特別是父母釋出的訊息）？
6. 我當下的需求，真正的原因還可能是什麼？
7. 此項需求與其他需求相關嗎？是如何相關呢？
8. 此項需求的強度或迫切度有多大？它提供了哪些關於內在自我的訊息？
9. 我慣用的滿足方式成功嗎？
10. 這個滿足方式能成功滿足此次的需求嗎？
11. 這是我真正的需求嗎？還是某項深度需求的替身？
12. 如何滿足那項深度需求？

簡單來說，這項自我練習就是從你舊的需求滿足模式：

感受需求
↓
即刻滿足需求（如前文所述）

切換到新的模式：

感受需求
↓
跟隨需求的聲音，直達隱含意義的深處
↓
以新的方式滿足需求

這項自我練習能協助每個人學會信任自己的需求。

加分練習：在做完每一項自我練習之後，試著寫一首詩表達你所發掘的自我。當你依序完成本書的每一項練習時，將所有的詩集結成冊、自行命名標題。保存這份耕耘自我的努力成果，複製它，並和你生命中值得信任的人分享。世上還有什麼禮物比得上一本紀錄著「信任的自我成長」的詩集呢？

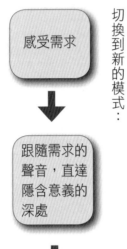

健康的連結

心理分析學家艾瑞克・埃里克森（Erik Erikson）將人類心理發展的過程描述成一連串的衝突與挑戰，我們必須解決每一項衝突、完成每一個挑戰，才能順利前進到下一個成長階段。根據埃里克森的定義，心理發展過程中遇到的首要衝突是「信任vs.不信任」。此衝突發生於嬰兒時期，因此，如果我們要成功通過往後接續而來的挑戰，先決條件就是擁有一套「及格標準以上」的信任議題解決措施。唯有成為一個有能力信任的人，方能在通往健康、充實的人生道路上繼續前行。因為**信任是一切人際連結的基石**。

如果你在嬰幼兒發展時期不幸錯過了解決信任衝突的時機，毋須感到絕望。在接下來的生命中，你所遇到任何一位令你感到穩定而持續信賴的人，都是你校正、修復、補足信任能力的轉捩點。與這些人的連結關係將提供你再一次的機會，重新學習在心理發展初期受傷、遺失或錯過的信任感。我們一旦願意對他人敞開心胸、承擔信任風險並且跨越失望，其效果等同於獲得全新的成長經驗，而這一次我們內在的信任能力終於能成功安裝。換言之，一段成熟的親密關係將帶領我們朝著「完整生命」的方向前進。

從神經學的角度來看，與信任相關的神經網絡正在恢復和重建。科學家已經證實，人類的大腦擁有終身的可塑性（plasticity），也相當於可變性（changeability）。這對我們來說是相當有利的條件，因為這代表著進化為一個「最好版本」自我的可能性，是永遠敞開的。當我們開始調整自己的心理時，神經活動也將隨之變化。內在自我對健康有所期盼，因此會在改變的過程中不斷為我們注入充沛的能量，推動我們療癒自我及回歸完整。無論如何，早期的生活經驗頂多只能影響未來，無法決定未來。而掌握健康與幸福的「下一次機會」從未離開。

「下一次機會」的涵義是：雖然我們的性格基礎由原生經驗奠定，但是我們仍有能力回頭審視目前的負面模式，並進一步對其發揮作用——提出問題，處理、解決過去種種經驗帶來的痛楚與心理機能失調，並加以整合。

提出問題是指深切地省察、評判及挑戰我們的過去經驗和之相關的信念。提出問題之後進入**處理**階段——充分地感覺內在浮現的各類感受，發掘它們與過去的相關性，並著手**解決**問題——將「現在式」人際關係的發展漸進脫離「過去」的束縛。當改變產生「實績」，我們就能將之**整合**到日常生活模式中了。我們走了一步生命中「必要的」的險棋——拋下了制約我們許久的恐懼，不再因它的「阻礙」或「驅使」而干擾我們信任旁人的節奏。

接下來將不時提醒各位，在面對感受與經驗時，要如何練習「提出問題、處理、解決、整合」四步驟。其中應特別注意的是：提出問題是一種**關注自己感受和經驗**的方式，可以幫助我們排除紛擾雜沓的思緒，專注在當下的現實。唯有在「自己」面前全然接受並抱持惻隱之心，在「下一刻」面前坦然擁抱與邁進，才能真正徹底地提出問題。

絕大多數的人對自己的愛仍嫌不足，因此難以全神貫注在問題之中；我們回避真相，因為恐懼。此時，不妨以覺察與惻隱之心練習提出問題，「不畏懼真正的自己」的心將油然而生；儘管內在的惡魔大聲咆哮，也不能再威脅我們了。這是信任他人的第一步。

唯有建築在信任的基礎上，人類才得以跳脫由皮質醇（壓力荷爾蒙）所操控的「預設模式」以及此模式造成我們在親密關係上的原始恐懼。身陷於原始恐懼之中，我們的戰略只有「尋找掩護」或「迎頭對戰」兩種而已。現在，眼前出現了更多選項。我們不必再孤單一人去尋求掩護，也有機會在建立信任關係時與他人同心協力。因為內心的轉變，我們擁有一份全新的神經運作程式與設計圖——從初始壓力「升級」為進階的安全感。經由穩定、可靠的人際關係，新的信任能力被成功安裝，而當我們親身體會到潛意識中慣性迴路的連結「改變」時，內心將會確切地對親密關係重新燃起希望。這樣的信任，能為我們打造一段真實而持久的愛。

在人類綿延的歷史中，證明一個人「活著」的唯一形式，向來是恐懼。然而今天，愛終於取代了恐懼。

「依附」與「建立關係」的連結

依附理論（Attachment Theory）在闡述的是成人階段的關係中，安全感或不安全感與童年遭遇有何聯繫。首先提出這項理論的專家為精神科醫師約翰・鮑爾比（John Bowlby），再由心理學家瑪麗・安渥斯（Mary Ainsworth）等人接手，將其內容進一步發展延伸。在此，我將透過概略而精簡的方式介紹依附理論，並藉此引導各位深入釐清信任的起源與意義。

依附理論的基本論述是，孩童為了尋求安全感，會與至少一名的主要照顧者發展出心理依附關係。按照生物本能，我們會主動與照顧者親近，尤其是當年幼的我們感到危險時，將會開啟彼此的依附關係——一種照顧者與孩童雙方的緊密連結。照顧者提供給嬰幼兒安全、撫慰、保護和保障的特質，這影響著這個孩童未來一輩子的信任程度的發展狀況。近年來，依附理論也被擴大應用在解釋成人階段的關係。

從心理學的角度解釋，依附是指生理或情緒上與他人親近的自然渴望，藉由人與人之間的互動和交流孕育而生。在依附關係之中，表達 5A 的方式為「參與」或「回應」，而非「佔有」及「控制」。因此，依附並不是由偏執的思想、無盡的慾望與其衍生出強迫性質的連結所組成——這些成分不但是心理成癮的警訊，同時也是佛陀教育裡定義的「執著之苦」（suffering）。

當我們與某人的連結始於輕柔牽起而非緊握不放、心繫卻不執著、適度聯繫而不會過度貪求時，健康的關係於焉誕生。此時，我們的需求獲得了釋放與自由——這遠勝於世間任何一種滿足。

新生兒在生命的頭一年便學會了如何維繫與照顧者之間的連結關係，她對每一種彼此參與、相互回應的模式已再熟悉不過。在母親離開房間時，她懂得怎麼有效地表達抱怨；母親回到她身邊時，她也懂得怎麼報以可愛的笑容。而當她感到恐懼，則會依偎在母親身旁。一旦危險發生，幼兒與周遭熟悉的人保持親近，能夠賦予她安全感。

按照依附理論，嬰兒對照顧者發出需求訊號的本能策略就是哭。哭同時是嬰兒建立安全感的方式，安全感愈強的人，將來就愈有能力坦然地表達哀傷的情緒。因此，父母如果對哭泣中的嬰兒做出穩定而持續的回應，便是在滋養她的自主性。漸漸地，嬰幼兒以哭為表達手段的頻率會逐步降低，而自我調節能力——學會自我安撫與壓力調適——將會啟動。以上過程有助於培養自我信任，進而，安全感的種子也會在內心發芽、成長。

另外，幼兒還會從那些能同理他們情緒的成人身上學習自我安撫和自我調適。一旦童年時期的情感缺乏成人的理解，調節功能即會失衡；孩童不是變得過度受到情緒牽制，就是陷入感受封閉。如此一來，在成人提供「容許」空間不足的情況下，孩童對情感「提出問題、處理、解決」的能力將被削弱。照顧者對孩童情緒或需求的同理不必具備「持續性」（除非有讀心術才辦得到），但必須具備「經常性」，這樣孩童才能學會信任。通常，無論在家人關係或親密關係裡，同理僅會適時地在某些片刻出現，然而片刻已經足夠。

隨著年齡不同，依附關係的指標也將有所變化。舉例而言，在發現母親離開身邊時，嬰幼兒可能會放聲大哭；九歲的孩童可能會吼著問：「媽，妳什麼時候回來？」而一位青春期的孩子卻通常僅是默不作聲地目送母親離去，並且愉快地享受獨處時光，只有當母親晚歸時才會稍加留意。上述例子的前提是親子之間具有安全的依附關係，一般而言，充滿焦慮的孩童是無法如此輕易地面對與照顧者的分離與重聚的。

根據安斯沃對周歲以前嬰幼兒的追蹤調查，他們對照顧者的依附可分為三種類型：安全依附型（secure）、焦慮逃避型（anxious-avoidant）以及焦慮矛盾型（或稱焦慮抗拒型，anxious-ambivalent/resistant）。後兩者皆屬於缺乏安全感的依附關係。這三種類型的依附關係到了成年階段會以怎樣的面貌呈現呢？

安全依附型的孩童長大後，無論面對的是自己、旁人或成年的親密關係，通常都有較高的自尊感（self-esteem）[3]，且多能抱持樂觀和正面的態度。他們能自在安心地處於親密關係中，不會因此覺得自己的自主性或獨立性受到威脅；而與伴侶相處時，他們也較擅長在接近與離開之間維持適度的距離。

童年階段的安全感會進而轉換為「穩定性格」。擁有穩定性格的人有能力清晰地「表達自我需求」以及「提出為了滿足需求所需要的外在資源」，而這兩項能力恰好是建立親密關係的先決條件。另外，安全依附型的孩童成年後也容易受到同類型的人所吸引。在親密關係中，這類型的人會表現出相互尊重的「合作式自我」（cooperative ego）

而非相互角力的「競爭式自我」（competitive ego）——因為對自己的信任，強化了他們對別人的信任能力，同時促使他們將重心放在與伴侶之間的心靈交流上，而將「能否成功堅持自我主張」視為其次。

焦慮矛盾型的孩童則是向照顧者不斷地需索對自己的保證、認可和關注，而相似的模式可能會在他或她成年以後反覆循環——只是對象改成伴侶。這類型的人對伴侶的依附極深、難以放手，容易不知不覺地變成親密關係中過度依賴的一方。無論對自己或他人，焦慮矛盾型的人多數有悲觀傾向，也較缺乏自信心。由於他們根深蒂固地認為自己不夠資格得到一段恆久不渝的愛，因此這類人很難全心全意去相信別人。

焦慮逃避型的孩童多半有「強迫獨立」的傾向。這類型的孩童在長大成人以後，很可能會將這個傾向一直延續下去。他們認為人必須自力更生，因此常留給外人「不需要親密人際連結」的印象。這些人也習於隱藏內心真實的感受，例如當他被伴侶拒絕以後，往往就突然從對方的眼前消失，而雙方的問題自然很難有機會獲得解決，只好懸宕下去。如果焦慮逃避型的人遇到一個過度依賴的對象，他們會有兩種反應：「疏遠」或「出現攻擊性」，這是因為他們的警覺心極高，老是擔心親密關係會不會隨時將自己「吞噬」。

3. 譯注：指自我能力和自我喜愛程度。

除了上述類型以外，還有另一種稱之為**紊亂型**（disorganized）。由於他們從照顧者身上得到的參與及回應經驗充滿威脅性與不可預測性，因此紊亂型個體的行為模式會在焦慮逃避型與焦慮矛盾型之間擺盪。他們在童年時期通常感受過無法修復的恐懼，導致日後對親密關係不能以一致、完整的態度處理。當壓力來襲時，這類型的人因為缺乏來自安全感的心理韌性和心理平靜，而容易變得支離破碎，甚至失控崩潰。

對一個安全依附型的孩童而言，與人社交互動是件輕而易舉的事。他們在同儕之間的人緣較佳，並且有能力關心、同理他人，同時也會主動積極地表現出探索外界環境的興趣。儘管依賴心不強，但是這些人不會排斥相互依賴（interdependent）的人際關係。在霸凌事件中，安全依附型的孩童成為加害者或受害者的機率都偏低；一般來說，加害者多是焦慮逃避型的孩童，而受害者則多是焦慮矛盾型的孩童。

另外，自戀人格（narcissistic personality）與焦慮逃避型的特質是彼此對應的，其中包括自我膨脹或回避反應；而邊緣人格（borderline personality）則是與焦慮矛盾型的特質彼此對應，例如過度注重他人或抵抗反應。當一個人在人際關係的危機中崩潰時，會表現出紊亂型的依附特質，例如分化（fragmentation）、解離（dissociation）和凍結反應（freeze response）。

依附理論證實，信任能力與照顧者帶給我們的童年經驗的確密不可分。因為早在我們能夠意識到這些因果關係以前，相關的神經迴路即已設定完成，所以「信任恐懼」其實不算一種「缺陷」。隨著年齡漸長，我們終於發現童年經驗對當下的影響力以及它正如何妨礙我們發展一段健康的親密關係。接下來，我們正式站在自我治療的起點：以不責怪父母的心態，徹底地為自己「傷痕的源頭」哀悼。**重點從來不是報復，而是康復。**

因此，依附理論的本質其實是培育內在惻隱之心的養分。從理解依附理論的過程中我們可以知道：因為每一個人的信任能力或可靠程度均受到早期依附經驗的直接影響，而這些經驗本身又不是我們自己導致的，所以誰都不是問題的「肇事者」。既然如此，何不對每一個人身上的傷痕都抱有同理之心呢？答案顯而易見：我們應該以更多的憐憫看待自己與他人，而唯一需要我們勇於承擔的，就是持續滋養現在的自己。

安全的依附關係是信任的基礎。感到自己被 5A 的愛包圍、擁抱，信任的缺口便能從此獲得彌補，安全感也能穩定存在，這使得我們進一步產生相信他人的能力。當一個人開始以信任對方為前提地付出愛，同時願意修補忠誠關係的裂痕時，他必然已先相信了自己。此外我們要時時覺察，不論是人、事、大自然或超自然力量，都無法給予我們恆常的安全感。

儘管無常猶在，但是以「信任伴侶」為基礎，我們便能漸漸築起對整個世界及其真實面貌的信任核心——無論真實面貌有多沉重。一旦信任的恐懼感和緩下來，信任的無畏心升起，它便成為我們在面對周遭各種人事物時，一股平靜的內在力量。此時的我們就有能力這麼說：「這次的打擊不會致命，我，可以好好處理。」

練習 深呼吸、暫停一下再重來

現在，我們理解到信任能力與內心的平和直接地相依相存。內心冷靜的人，能夠隨時獲得自我信任感。藉由深呼吸和暫停一下的練習，可以讓內心恢復平靜。此處所謂的深呼吸是指，想像我們在一呼一吸間流動的氣息來自於全然敞開而清明的本質，並且在心裡默想我們的吸氣是使一個開放的自己接收世界的一切，而我們的吐氣是使一個開放的世界接收自己。深呼吸、放慢速度並且暫停一下，是一種持續與靈性成長連繫的儀式。

這項儀式不僅能奠定內在的自我信任，更能在我們陷入充滿壓力或戲劇化的親密關係時，幫助我們重新開　溝通的管道。藉由「深呼吸－暫停一下－冷靜再重來」的三步驟練習，伴侶之間的互信得以再次建立。每日反覆自我練習並應用於親密關係中，有助於在需要時立刻派上用場。

一般狀況下，呼吸是自動發生而毋須刻意專注於此的動作。然而當，我們開始練習專注在一呼一吸時，原本無意識的動作加入意識，因而成為新的意識；其重要性在於它能將「自我審視」與「內在資源再生」轉化為日常習慣。而重新架設過後的神經迴路，總體意識能力將會提升，使得我們的練習事半功倍。

練習　探索內心「孩童式」與「成熟」的信任

在一生之中，我們的童年需求不僅「依然存在」，有時甚至「非常迫切」。許多成人常期待另一半應該滿足他們內在那個「五歲的自己」。然而當我們經歷成年階段的關係並發現必須有所調整時，常會感到不知所措或難以承擔。因此，一方面適時修正「孩童式的需求」，另一方面留心和回應伴侶的需求，同時相依相持，才能順利適應成年人的親密關係。身為成人，有時我們仍會渴望擁抱，但也理解未必每一次伴侶都能滿足我們的需求，而我們可以採用健康的替代方案滿足自我的需求。

不妨仔細閱讀以下表格，檢核你目前的「所在位置」是屬於某一特定欄位或部分項目橫跨兩種欄位呢？

孩童式的信任需要：	**當擁有成年人的信任關係時，我理解：**
絕對的可信度及可預測性	他人能夠提供一定程度的可信度
「避風港」式的外在安全感（例如在家庭或親密關係之中）	源於自我內在的安全感以及對他人適時的信任

安撫與慰藉（尤其當我深陷危險或提出請求時）	自我安撫與適時地接受他人安撫同等重要
永遠不會背叛我、對我不忠或辜負我期待的人	人生難免遇到背叛我、令我失望和傷害我的人，因此重要的是：建立性格裡的韌性，能靈活有餘地處理和面對，並且培養靈性意識的成熟度，不以報復為手段（卻懂得適時喊痛）
永遠不會離開我的人	當對方需要時，允許他離開也是某種形式的愛——儘管此事會令我暫時感到傷痛，但不致摧毀我
永遠不會傷害我的人	儘管遭人傷害或因而感受到自己的脆弱是親密關係的一部分，我卻毋須容忍任何蓄意或惡意的傷害
每一次我開口，對方都應該回應我、陪伴我、忠心支持我	對方給我的回應、陪伴與忠心支持，無論是出於主動或應我請求，都是一種恩惠
對方能給予我過去父母所無法提供的	哀弔過去的失落以及停止尋找父親或母親的替代角色相當重要

基於恐懼的依附在童年時期能形成適當的安全依附關係，但是到了成年階段，基於恐懼的依附意味著自認該得到的應得特權	基於勇氣的親密關係，並對另一半「原本的模樣」無條件地予以肯定

在一段情感的熱戀期，每一個人或許都會表現得像第一欄中所描述的，然而當雙方關係更進一步並更加成熟時，我們會漸漸地以第二欄的成年模式相互對待。你的經驗也是如此嗎？

下一章起，你將學到一些幫助你從「孩童式的信任需求」順利邁入「成人式的信任關係」的技巧。

在本章最後，以這份成年階段信任運作方式的清單，讓你審視一下自己的性格：

□我能信任自己去接受旁人付出的可靠特質。
□我能信任自己不會以報復心態去處理他人的背叛。
□我的信任出於自己內在的直覺以及每一個人過去的信任紀錄，而非出於承諾或一廂情願的想法。

□無論他人如何待我，我仍下定決心要讓旁人都能無條件地信賴我。

□現在我知道可靠的意義不在於嚴格恪守，只需要可靠地表現真誠就好。

第2章 生命中的最初信任感

慈愛的另一層涵義為信任自己——相信我們自身本來俱足，相信自己有能力透徹而充分理解內在；不致絕望、不致仇視你所見到的自己。

——佩瑪·丘卓，《不被情緒綁架》（*Taking the Leap*）

在孩童時代，雙親對我們的情緒反應表現出愈多了解和認可，我們就會獲得愈多「信任自我」與「信任周遭世界」的能力。親子互動之中的理解是溝通的一種，它代表信心及確認。父母流露出真摯的同理之心能夠提供孩童一個充滿支持的成長環境，從中孩童可以感受到愛自己的長輩所帶來的安全感和可信度。一個人的內在信任之所以茁壯，不僅源於獲得適時的擁抱，更來自雙親對我們適時的放手。真正理解孩童的雙親，會在孩童需要擁抱時不吝伸出雙手，而孩童成年以後，他或她所學會的「平衡」，將會反映在成功的親密關係上。

與理解孩童對立的做法，是冷漠以待或者遺棄。一旦孩童歷經過這樣的遭遇，成年後勢必難以相信任何人。如果我們在成長過程中，感到自己必須藉由達到父母的要求、而無法在展現真實面貌時得到雙親的愛，那麼我們未來就不容易信任自己。「綁著條件的愛」在進入孩童心中時，已不再是單純的愛，而是滿足長輩期待後所獲得的變調獎賞。這可能造成一個人窮其一生都在質疑自己的真實面貌是否值得被愛，而揮之不去的自我疑問，排擠掉了「自尊」存在的空間，也進而排擠掉了自我信任。

如果童年時期不幸有過被父母親虐待的經驗，那他對自己或他人的信任之路勢必走得十分艱苦，因為這些人的身體從小習於挨揍，卻迎接不到擁抱。某些人為了使自己承受得起家庭暴力，會透過內心想像把事情「合理化」，認為所受的懲罰是由自己犯下的錯誤導致。雖然這會引發罪惡感，但是和某些因此相信父母天性邪惡或者自己其實是孤兒的人比起來，這樣的情況還不算太嚴重。因為受家暴的孩童屬於受害者的原型，他或她對外界（儘管是加害者）仍有連結感；而孤兒的原型卻會使他們無法與任何人產生連結感。

信任能力的萌芽

我們與嬰幼兒時期照顧者的互動，最佳模式是彼此合作並且建立互惠關係。對嬰幼兒而言，健康的家庭經驗是發展的共生階段（symbiotic phase of development）。這意味著照顧者（母親）與嬰幼兒雙方，都因對方的陪伴而感到需求獲得滿足，而這份滿足感在嬰幼兒五個月大的時候會達到高峰值。每個人的最初信任感，均來自於母子連結中所包含的安全感。擁有此階段的安全感後，就能為成長的下一階段做好準備——孩童可以放心地移動（如爬行、走路），進而能夠充滿活力地建構他的自主性。

在親子共生關係中，如果母親因為不安全感過強而阻礙了幼兒從安全期順利過渡到獨立自主期，她可能會對孩子自然的發展過程心生不滿或感到恐懼。如此一來，這位母親便無法給予孩子 5A 中充分的「容許」，她的孩子也將難以進入下一個階段而導致成長進度落後，孩童移動能力或說話能力的發展也可能因此較為遲緩。雖然幼童持續擁有無條件親子共生體的撫慰，但這不合時宜的撫慰卻反而限制了幼童的成長。

「共生」和「自主性」屬於心理內在的活動，所以我們不應只理解它們的字面意義。這兩個名詞象徵了難以形容的渴望——對成長的渴望與其實現的方式。事實上，所有心理或靈性相關的概念，都含有類似的象徵意義。當我們徹底理解後，無論是心理層面或宗教層面的信仰皆能臻於成熟。

在深層而原始的潛意識中，象徵型完全沉浸（symbolic total immersion）的欲望總是與驅使我們移動的力量相互拉扯，而包容原型（container archetype）與歷程原型（journey archetype）之間的戰爭也不眠不休。在我們受到「內心矛盾」所擺佈時，「相信自我」就變得格外艱難。這也是為什麼我們在決定是否相信他人之前會如此小心謹慎，而遭人背叛以後會容易感到無比悔恨。

信任能力的萌芽，與「撫慰」、「挑戰」有關。放眼整個自然界，「撫慰」與「挑戰」一直是生命成長的要件。起初，雛鳥們躲在母鳥的羽翼之下保持體溫，接著，母鳥就會將她們輕輕地推向巢外的世界。人類的成長過程也是如此。初生嬰兒以母乳為食，邁入斷奶期之後，我們得學著一步步脫離母親的懷抱，改由奶瓶或玻璃容器盛裝的食物中取得養分。

起初，我們在母親的陪伴下舒適地待在家裡，然後某一天，校園生活展開，我們得面對人際關係的挑戰，試著脫離「家庭是唯一生活場所」的模式，學習融入人群之中。每一次的移動，都是朝著獨立自主和人際依存的方向前進，同時那也會喚起不同的內在感受和壓力。然而，我們終將察覺到自己與生俱來的能力其實足以接受這些挑戰，而每一次通過挑戰後，隨之而來的是新的安撫感（comfort）。

童年時期被擁抱的撫慰感，是身體一輩子的記憶。當我們感到孤單或絕望時，這份記憶會化為內在資源，提醒我們曾經體會過的美好經驗——來自雙親的擁抱。如果這時我們身旁的某人恰巧能喚醒同樣的記憶或複製同樣的情境，就能為我們帶來那份「初始之愛」，有助於我們內在資源的再現。上述的情況可能會在友誼、親密關係、或心理治療過程之中發生。在看過他人內心「真誠的可信度」時，你就能立刻區別出這與其他膚淺、虛假的可信度截然不同。在遇到真誠以後，每一個人都無法再接受虛假了。

以下分享我個人的親身經驗。童年時代，每週六晚上是我到祖母家泡澡的時間。祖母家位於我家樓下，而她廚房裡的石製水槽正是我的小浴缸。由於水槽的一側設計成有斜度的手洗洗衣臺，所以泡澡的空間並不寬敞，儘管如此，待在暖暖的熱水中，感覺仍然舒服極了（特別是在冬天的時候）。「泡澡企劃」的執行團隊包括我的母親、祖母、姨婆，大夥忙著為我清洗，並在我瘦小的身軀上分區合作（除了生殖器官由我自己來洗）。接著，她們會以剛洗過的浴巾將我包起來，擦乾後撲點嬰兒爽身粉，再為我穿上乾淨的睡衣，抱我到壁爐附近。之後她們會替自己泡杯咖啡，順便替我溫牛奶。此時，柳橙與橘子皮的烘烤氣味從鐵鑄火爐開始飄逸，漸漸地，整個屋子都彌漫著宜人的香氣。對我而言，這是與撫慰感相關最珍貴的記憶，其中滿滿的都是長輩給我的愛與珍惜。至今我還能回想起每一個細節以及它帶給我的安全感，因為它**已成為我的一部分**。每當我遇到類似情境時，我的記憶就會被喚起；這些記憶完整地保存在我的**生理和心理**之中，而這就是我之前所提及的內在資源。

成年以後，我遇到一位脊椎整療師。接受治療時，我躺著讓她幫我調整脊椎，而於此同時，她的助手之一會為我按摩，助手之二則會為我身體各個部位進行熱敷。我彷彿置身天堂一般——理由不只是身旁有三位女性照顧我，而是這一切喚起了我每個細胞的記憶，讓我生動而具體地重溫童年時代的撫慰感。當然她們不像母親、祖母或姨婆那樣愛我，但是這個氛圍令我自然而然地與過去長輩溫柔的觸碰、真誠的情感相互連結。

現在的我依然擁有那份「初始之愛」，它幫助我面對往後人生的種種。毋庸置疑地，我對我的母親、祖母與姨婆永遠心存感激，雖然她們已不在人世，但她們以內在資源的姿態繼續活著。曾經的外在物質世界，如今轉化為內在的一部分；曾經屬於他人的付出，如今屬於我自身擁有的資源。她們的愛沒有將我困在水槽中或火爐上，而是為我帶來繼續前行的力量。這不正是人生之旅的本質嗎？

信任的第一步

每個人這輩子都會因為有個可以隨時「離開」與「返回」的巢而感到欣慰。接下來我將為各位介紹，幼童的發展歷程將如何相呼應我們成人階段的關係。一個健康的幼童（一歲半到兩歲的學步期孩子）有時會跟在母親身邊維持親子之間的連結，有時會自行探索周圍。這個行為是兩種欲望的結合──「獨立自主」與「不離棄所愛的人」──同時也是我們必須嫻熟的生活模式。起初，母親是我們親子共生關係中的重心，慢慢地，她成為允許我們自由離開與重返的安全港灣。信任階段的發展如下：

1. 我與妳同在。
2. 我能偶爾離開妳。
3. 我重返時，妳仍在我身邊。

第一階段，我們需要母親一直陪伴在身邊。到了第二階段，我們需要母親允許我們偶爾單獨離開，並在必要時能陪伴在身邊。換句話說，起初我們必須相信母親「不允許」我們單獨離開，然後再學會相信母親「允許」我們單獨離開。先擁抱、再允許我們離開──與成人階段的關係如出一轍：首先，在愛情的依附關係中，我們共生；接下來隨著關係的進展，我們開始信任彼此──相信當我們分別追求事業發展或培養各自的興趣時，回到家我們仍擁有另一半的支持與愛。這描述了信任以及它對我們自我實踐和親密關係的幫助。

正常的幼童到了這個年紀，會開始意識到母親除了「滿足我的需求」以外，還有其他工作。如此一來，幼童才能進入下一個「挑戰」階段：弱化自我的應得特權與原始地位（primary status）——這同時也是與他人建立連結的必備技能之一。如果幼兒在此時決定獨立（嘗試靠自己的力量滿足自我需求），他或她就得學會放下對母親「總是尾隨身旁並提供適時擁抱」的期待。然後幼兒將發現：原來毋須旁人反覆的保證，生命也可以繼續——這是另一項維繫成年關係的心理要件。

對孩童來說，此階段遇到的最大變化來自與母親之間的關係——母親不再只是撫慰的提供者，母親開始說「不」了。孩童也透過爬行、行走變得更加獨立，「撫慰」漸漸地被「挑戰」取代。這是另一個與個體發展內建模式相互呼應的絕佳例子。我們每個人在一生中都會不停地接受更多挑戰，以擺脫對他人的依賴，並加強自我的獨立性。

然而，在一歲半到兩歲幼童的心裡，「獨立自主」與「失去母親的允許」之間是有所連結的。這個「不」出自於母親——一個在信任尚未出現問題前就已回應我們需求的人。因此，幼童的挑戰是學會繼續相信母親，儘管現階段的她可能不再會即刻滿足孩子所有的需求，甚至會反問孩子「你／妳的要求合理嗎？」。同理，這樣的經歷之後會成為未來在經營或改善成年親密關係時，工具箱中必備的工具之一。

如果親子關係能使嬰幼兒感到「母親是可靠的」而彼此連結穩固，這段成長過渡期將會進行得十分順利。如果母親說出口的「不」無損於孩子感受到的愛，它將能為孩子帶來安全感（security）；而親子間相處的界線依舊穩定存在，則能為孩子帶來自在安心感（safety）。在成年人際關係的相處界線中，結合愛與尊重，可以幫助我們在應對雙方需求時，找到智慧與慈悲的平衡點，這就是所謂「理智的情感」（sane affection）。

起初，幼童仍將母親視為避風港，到了十五個月左右的年齡，他或她才會慢慢地將母親當作「獨立個體」。此時，幼童想要與母親分享他／她的一切。他／她可能會在母親腿上自豪地放上剛剛才發現的物品，並期盼母親也會跟自己一樣在看到時滿臉驚訝。「一起來感受我的喜悅吧！」是一個開端，藉著這個開端，我們相信別人將能理解我們、共同參與我們的世界。這同樣是往後建立親密關係的根基——與伴侶分享的能力。遇到對我們的感受有回應和共鳴的人時，信任才能增長，反之，雙方難免漸行漸遠。

幼童時期，我們都會傾向將雙親「理想化」。隨著年紀漸長，我們對父母的敬畏感慢慢減弱，看待父母的方式也趨於真實。我們會發現原來父母也可能犯錯，但於此同時，我們對父母的敬愛卻絲毫不減。在成年的親密關係中，情感的轉變十分相似：我們從初識時對伴侶的「理想化」，到學習接受現實生活中對方「真正的模樣」。從理想到現實世界的愛，失望在所難免，但這不代表我們一定要結束雙方的關係，它只是在促使我們重新檢視彼此的期待，該如何調整得更加貼近現實，並且取得現實主義與浪漫主義間的平衡。

有時，我們對某人的信任出自敬佩。然而這個理由或許不是挺好的，因為當我們對某人懷抱不切實際的想像時，一旦發現他的言行不符期待，內心產生的失望就可能因為信任崩潰而加倍。尤其是當我們景仰、信任的對象竟然利用我們或對我們施虐時，勢必會感到格外地難以承受。如果這樣的情形發生在我們的童年時代，內心一定很痛苦，而它的影響還會一路延續到我們的成年期。成人的大腦足以容納並理解過去強烈的創傷，同時也有「充分哀悼的能力」。到了此時，我們終於可以盡情啜泣、放聲大哭，自然流露真實的情感。過去的創傷不會殺死我們，反而給我們深入探索自我、健康宣洩情緒的機會。

總結童年發展過程與我們成年親密關係的對應之處，可發現其中有許多極為相似的階段。在剛墜入一段戀情時，我們與對方建立共生連結。接著，我們一方面開始各自到外面的世界發展、獨立工作，一方面確保彼此間的距離不致太遠。漸漸地，我們會意識到雙方的焦點隨著生活重心的改變而移轉，特別是有了愛的結晶以後，我們都不再擁有彼此持續的關注，因為它集中在我們共有的新生命上。我們對彼此的敬仰也變得實際而不過度理想化，我們學著接受「失望不過是生活的一部分」，因此毋須停止展現或接受彼此的愛。當自己的感受獲得理解與回應時，我們會對伴侶心存感激，也以同樣的方式加以回報。

對幼童的早期發展而言，父親的角色舉足輕重。一般來說，當母親為我們提供一個保護型的環境並安撫我們時，父親會帶領我們到外面的世界探險；在母親的懷抱裡我們安心，在父親的引導下我們展開人生的挑戰。父親很可能是成長過程中那個促使我們認識運動、藝術、工作或自然環境的人。當然，父親與母親的角色在每個家庭或有不同，有時相互對調、有時平均分擔。重要的是，我們的童年是否同時擁有舒適安全的避風港與迎接挑戰的推動力。避風港為我們未來人際親密關係的信任能力鋪路，而迎接挑戰的推動力則培養我們能夠相信在與人互動時，不必犧牲一絲個體自由。

某些孩童在家中常會聽見母親抱怨父親無法滿足她的期待，有時話中暗示了父親的能力不足；這可能導致孩童對父親的信任度下降。對一個小男孩來說，他會開始懷疑自己將來是否有能力滿足異性的需要，而對一個小女孩來說，她會對異性將來是否有能力滿足自己的期待感到懷疑。如果這是我們童年的親身境遇，那我們首先必須將過去看到的家庭模式從「自我」之中分離出來，並為自己的親密關係規劃一套更加健康的模式。這不是一項簡單的功課，但是連結過去與現在，必然會幫助我們走上「信任的正軌」。

傳統上來說，「包容原型」多被視為女性特質的一種，而「歷程原型」多被視為男性特質的一種。這樣的分野從男人和女人對幼兒照顧方式的差異中可見一斑。一般而言，男人會帶著孩子四處走走看看，希望打開孩子的眼界，父親與孩子的目光是一致望向外在世界的。成年男性彼此間的溝通方式也是如此，他們通常併肩而坐，一起觀察外頭的種種。女人照顧孩子時則傾向直接注視著孩子的雙眼，並採取擁抱與安撫的姿態。而成年女性的相處模式也多半如此——面對面的對話與交流。

事實上，面對面的交流模式，有助於「鏡像神經元」（mirror neurons）的活化。大腦中的鏡像神經元使我們較容易對談話對象的行為或感受產生共鳴、模仿或同理。當我們注視對方眼中的淚水時，我們的同情心會被自然地喚起。同時，如果我們可以提醒自己專注於 5 A 的存在，將能以更加深入的形式憐憫他人。這也證實了，世上每一個人相互都有關聯，沒有誰是「孤獨的自我」，而「我的存在」正改變著周圍的每一個人。

此外，鏡像神經元還可能改變我們的身體。我們所有的感受都有與其相對應的身體行為，例如哀傷造成哭泣，恐懼驅使我們逃離或對抗。當我們同理他人的感受時，身體不會靜止不動，我們會自然地給予一個摟抱；接近、觸碰對方是為了表達我們的支持。

健康的信任能力源於一個健全的童年經驗，我們能感受到父母給予的「安撫」適度而不令人窒息，也能感受到父母「推動」我們離巢的力量，並非為了從此與我們切割。這讓我們在面對成年以後的親密關係時，可以同時維持「與伴侶親近」以及「自主獨立」。在一段健康的關係中，親密與獨立並非兩難的抉擇，而是必要的兩者，猶如頂在一排書本兩邊的書擋，缺一不可。或許各位已經注意到，在本章談論的例子中，我們的信任能力會因他人展現出的「可信任特質」而被強化。唯有信任，才能脫去每個生命嚴格守住的保護色。

然而，有一點我們必須銘記在心：「可信任特質」有時是個陷阱。對幼童而言，生活在一個家庭或宗教中，安全感是生存的第一要素，有時孩童會因而選擇隱藏真實的感受、真實的自我，以確保安全感能繼續維繫。如果幼童發現他或她與生俱來的特質不是家人所期待的——例如性格傾向（內向或外向）、性別、性傾向、創造力等等，他或她很可能會將「安全感」視為一項比「表現真實模樣」更優先、重要的元素。這就是為什麼安全感如此令人渴望，最後甚至導致自我否定人格的原因。然而，如果你下定決心要全程體驗人類的「個體進化」，這些假安全感之名隱藏在內心深處的負面情緒，全都得被挖掘出來。

最終，健康的信任能力可以使孩童勇敢地「做自己」，對雙親的信任足以使他們毫無困難地說出：「我被容許展現真實的自己，我可以自在地去感覺我的感受、提出我的需求。我可以順勢傾聽我的內在，按照我的希望發展，不受任何脅迫。我可以自由地探索世界以及思索我的立足之處何在。我有權擁有自主力，依據我重視的價值觀和願望，做出個人的選擇。」成長中的孩子做出如此宣示，是對他們雙親的接受程度與允許能力的最佳讚揚。這就是能力的延續：父母啟動、孩子啟程。雙親的信任能力正為下一代信任能力的啟動鋪路。

接下來，我們要獨力面對的是一個挑戰重重的環境，還得堅守住健康、自主的生活方式。有時，我們或許得表現得順從聽話，如果要成功，就不能興風作浪，必須成功地適應社會。想要關注、珍視自我的獨特性，可能會帶來孤立感，但在社會化的同時，我們至少可以拒絕當個虛偽造作的人，拒絕為了討好他人而戴上面具。

一旦你真的敢忠於自我，你將發現你會吸引到特別的人，願意和你一起參與人生「共同的挑戰」，經營一段真誠而美妙的親密關係。

看似離去，其實依舊在

對一歲半到兩歲的幼童來說，母親不在身邊的移動學習（爬行、走路等）或探索活動，起初會令他失落、憂傷，但很快地，他的感受就會跳躍到「發現新自主能力的喜悅」上。這種孤獨的快樂感是我們一輩子的解毒藥——尤其是在面對被遺棄的恐懼之時；有了這帖解毒藥，我們便能在成年以後的人生之旅順利前行。移動、啟程乃至繼續航行，都是通往孤獨之路的反方向。

幼童在此時該做些什麼？答案是在盡情探索周遭的同時，保存對母親的回憶。我們可以從**內心的想像**找到需要的撫慰感，也不妨試著想像，如果她自願回來我們身邊，她一定會為此欣喜若狂。藉由這樣的連結，我們與母親的關係看似離去，實則依舊在。這對將來的親密關係有何影響呢？我們在戀人離去時，不會急著尋找替代者，而會等待對方回到自己身邊。無論是童年或成年時代，耐心都有助於建立信任自己與信任他人的能力。

我們相信自己與母親之間的連結，對這份關係的信任，讓我們超越「眼見為信」

的境界，而我們終其一生都將受惠於這份細膩的能力。我們的「臨在感」（sense of presence）並不是指身體一定要參與在其中，即使不臨在，也可以藉由想像與感受來呈現。臨在感超越了此時此刻可碰觸的存在。將之應用於信仰中，人神關係的信念即是：神、人臨在於靜默中。

實體缺席卻仍能感受其臨在，這是兩個極端經驗的融合，亦是一種弔詭的體驗，而我們的想像力即建構於此。隨著年齡漸長，我們仍然持續尋找原生養育者、照顧者的象徵角色。舉例來說，宗教裡的「神」常成為新的避風港或是父母的替身，使我們能藉此再次擁有雙親曾經給予的情感，或是彌補自身從未得到的缺憾。

如果我們的童年受過正常的撫養與栽培，成年後可以比較容易地付出關愛，因為我們認同自己的雙親或照顧者。在我們感到迷惘或恐懼時，得到他人的安慰就能帶來安全感，並且成年以後也較易擁有自我安撫情緒的能力。接受外在安撫不但能化作我們自身的力量，還能進一步建立對他人安撫力量的信任。因此，**以信任「值得信任的人」為起點，我們逐漸朝向「信任自己與他人」的方向邁進**，接下來甚至可能進化為對「靈性力量」（higher power）的信仰。

另一個幫助健康情感發展的元素是「挫折經驗」。從挫折帶來的挑戰中，我們汲取到面對挑戰的經驗，並有機會體驗來自於外界的可靠支援——這是生命成長的最佳養分。反之，如果我們在遇到挫折時選擇將它視為障礙而不再前進，挫折經驗不僅會使得成長停滯，還會讓我們陷入羞愧的情緒之中。此外，獲得過多來自於外界的保護與安撫，也可能會妨礙我們追尋以自身力量滿足內在需求的學習。缺乏經歷「成功化解挫折」的機會，我們難以學會相信自己，因為這是了解「最可靠的力量」的必經之路，而這股力量，正是我們的內在資源。

練習 接受安撫、面對挑戰

以下表格有助於我們檢視各個生命歷程中，安撫與挑戰所造成的影響。以十年為單位，在不同階段中，你的自我定位何在？十年後你希望自己的定位為何？

以「安撫、舒適」為重心	以「自我挑戰」為重心
使我們信任他人	使我們信任自己
使我們著重在尋找避風港	幫助我們願意冒險向新方向前行
出現在包容原型中	啟動歷程原型
使我們著重在原處紮根	使我們延伸自我

使我們珍惜安全感	驅動我們放棄安全感
追求維繫和滋養避風港（如家庭）的創意	追求滿足好奇心及革新的創意
使我們堅持	使我們前進
向家庭環境的規則屈服	向當時的情勢屈服
使我們與他人保持親近	無論他人存在與否，都會著重在個人目標
來自內心的訊息為「不要過度往前衝」或「不要前進」	傾向於「探索自我的能耐」

練習　信任與愛的現在進行式

假設父母帶給你一段缺乏信任關係的童年經驗，現在優先要做的事情是：充分釋放你的悲傷。你可以透過回答以下列舉的問題，看看自己符不符合缺乏童年信任的族群。你的雙親是否——

- 無法對你表達 5A 的愛？
- 無法理解你的情緒，並允許你真實地表達自己？

- 忽略你的生理或心理需求？
- 對你施以身體、精神虐待或性侵害？
- 對你的期待過高或過低？
- 長期當著你的面爭吵或暴力相向？
- 利用你做中間調停的人？
- 對藥物或酒精等成癮？

「無條件的信任」與「無條件的愛」之間具有直接關聯，衡量兩者的尺度也完全相同。試想一位家人或朋友，他讓你能夠付出絕對的愛，也能夠向你付出絕對的愛。無論你做了什麼、你變得如何，他都依舊在你身旁，給予支持且對你忠誠。對你而言，他值得你無條件地信賴，你內心也會對他充滿無條件的愛。

下一步，試想一位你付出的愛相對較少的人，然後仔細咀嚼一下你內心對對方的信任感有何不同。你是不是已經發現自己對完全信賴的人能付出完全的愛，對心存些許懷疑的人（無法完全信賴的人）卻難以付出同等的愛？換句話說，當你遇到某人表現出值得信賴的特質，他或她就容易喚起你深度的愛。

不要吝於向你完全信賴與深愛的人表達感恩之情，畢竟人生最珍貴的禮物，就是一份無條件的愛。

那麼，如何對完全不受人信賴的那些人抱持非負面的態度呢？你可以敞開心胸，觀察這些人的主觀判斷（實為某種形式的受苦）是以怎樣的方式使他們不得不違背內心深處「徹底付出愛」的渴望，並對他們懷抱惻隱之心。

另一項有效的練習，是察覺自我內心封閉的部分，試著敞開它。舉例來說，如果你對身邊某個特定的人抱有敵意，練習對他敞開心扉、對他抱持同理之心。這不代表你在替對方的缺失尋找藉口，而是在為自己「慈愛的實踐」開闢新道路。當你發覺，自己「擁有實踐慈愛的機會」與「自我完成」更勝於「旁人的言行」之時，你已站在自我解脫的起點，而心靈喜悅的光明將離你不遠。

實踐慈愛的練習必須持之以恆，而「愛」能使我們自然而然地盼望對方幸福並且免於苦痛——這明白顯示出練習時應有的待人態度。既然我們知道了具體的實踐方法，現在就是練習將這份慈愛給予自我、旁人與一切生靈的時候了。

佛教徒修行慈悲的傳統方式為祈求幸福、平靜和自由——起初先為自己祈求，再推己及人至我們關愛的人，接下來為我們無愛無恨的人祈求，最後是為我們原本持有負面觀感的人以及世間一切眾生。這般的修行之道隱含另一個意義：所有生命皆是相依相存的。在此，我提供一個「新版的」慈愛實踐之道，我們從為自己追求更好的生命開始，推及至我們摯愛的人（可信任的人），再進一步為我們難以完全信任的人祈福，最後將這個祝福遍及所有生靈。如此一來，我們的盼望昇華為：我要盡可能地付出慈愛，並且擁有真正的幸福和心靈的富足。

當然這不可能一蹴可幾，因此以下提供每個階段的練習訣竅。首先調整成放鬆、挺直的坐姿，並保持精神覺醒。接著，你可以閉上雙眼，或是微微注視著下方，依序對自己說出各個祝福的話，記得在每句話之間停頓數秒：

☆第一階段

願我盡可能成為慈愛的人。
願我幸福。
願我內心滿足。

☆第二階段

願＿＿＿（你所愛之人的姓名）盡可能成為慈愛的人。
願＿＿＿（你所愛之人的姓名）幸福。
願＿＿＿（你所愛之人的姓名）內心滿足。

☆第三階段

願＿＿＿＿（你不全然信任之人的姓名）盡可能成為慈愛的人。

願＿＿＿＿（你不全然信任之人的姓名）幸福。

願＿＿＿＿（你不全然信任之人的姓名）內心滿足。

第3章

如何在親密關係中建立信任感

儘管我愛你，你仍要縱身一躍；
我們平安的夢必須消失。

——奧登（W. H. Auden），
《縱身一躍》（*Leap before You Look*）

回溯人類最初的歷史，我們的祖先併肩圍擠在營火旁，對彼此的信任感在不知不覺間逐漸滋長。人類從來就不是獨居物種，每一個人都無法永久、徹底地與群體疏離。有其他人的支持，我們才能度過生命裡種種的危機與困境。這意味著在我們身陷困境時，我們並不需要他人直接前來營救或是為我們掌舵，只需要某個人某些時刻的陪伴臨在，並與我們維持適當的距離。能陪伴我們、為我們維持好適當距離的人，勢必會為我們所信任——因為，那是一個不會任意評判我們的同伴。

與其他哺乳類一樣，人類是群居動物。在人類社會中，我們為了求生存而彼此截長補短、分工合作。許多個體能力的侷限，可以從別人的專長獲得彌補。此外，人類的情感也有分享的需要，因為每個人都會自然渴望其他人能對我們產生「鏡映反射同理」（mirroring understanding）。我們尊崇的人如果鼓勵我們，就能喚醒我們的內在勇氣；而生命完整的愛，也需要一位關愛我們的人生伴侶。這說明瞭為何每個人對於遺棄或自我孤離均感到害怕；同時也解釋了「幸福」與「感受到愛」的要件是：找到值得信任的伴侶，而他或她願意與我們在人生旅途中同行，並且還願意一路相伴、一心支持。

當我們與某人有了情感連結時，會產生「待在我身邊」的心願是合理而可理解的，但是我們必須自覺這畢竟只是自己心中的一個期盼罷了。假設心願成真，自然應該好好珍惜這份難得的親密。然而假設我們與尚未離開期盼階段的人在一起，一個可信賴的關係就無法成型。一個追求心靈成長的人，通常不能忍受自己活在希望或期盼的空想之中。正如在《花生漫畫》（*Peanuts*，知名主角為史奴比）中，露西不只一次在查理布朗踢橄欖球時為他扶住球，卻趁他要踢出去的瞬間將球抽走，使他跌倒。故事裡的查理布朗每每選擇相信露西不會再對他使出同樣的伎倆，卻每每上當。換句話說，在缺乏「歷史證據」的情況下，查理布朗對露西的信任全然建立在期盼之上。但同時，查理的心裡十分清楚他不會對露西做出同樣的事——這點意義重大。

一個成熟的成年人可以將心中的期盼提升為實質請求：「我想加入你的生命，成為你的伴侶。」如此一來，期盼不再隱晦，而是一個明確表達的提議。至於我們從何得知對方是否真的是值得信任的伴侶呢？唯一的參考依據就是他／她過去言行紀錄的一致性了。如同哈姆雷特（Hamlet）所言，信任最終必定要付諸實行，否則「毫無價值可言」。因此，我們可以先將那些平時正直可靠的人列入託付信任的人選之中。

萬一某個人內心最深切的盼望是被另一個人發掘和尋找，而不幸地，如果他遇到願意耗費精力於此的人之機率微乎其微，那這個人將容易陷入自我質疑——質疑自身的價值，甚至生存意義。這可以幫助我們理解為何我們對於與人分離或是遭人排斥、遺棄或放逐的焦慮感很難在一時之間弭平；而這份持續的焦慮感所衍生的深層恐懼，往往是造成某些人執意停留在一段失敗關係中的主因。儘管這段關係的發展再再顯示出不利的現實事證，這些人依舊選擇堅持，並暗自希望自己所渴求的終將實現。或許我們偶爾會在一段關係中「嚐到甜頭」，但真正讓我們無法抽身的原因還是對分離的原始恐懼。這不是健康的停留，這已是困境。

要如何區分「健康的關係維繫」與「困境的束縛」，可以從以下指標來觀察：前者會讓你感受到與伴侶共同生活在每個當下，後者則是讓你動彈不得，疏離自身的經驗與感受。當你停留在一段健康的關係中，你能夠融入現實並欣然迎接即將發生的事；而當你處於情感的困境，你會無力面對也無力改變現實。將你當作人質挾持的罪犯不是別人，正是你內心的恐懼——現在，你可以釋放自己了。本書提供的每個練習方法，都是在幫助你將「內在恐懼」這位敵人化作盟友，此外，我將在第五章中詳加討論自願留在困境裡的「慣性」。

相互的信任

網球單打比賽中，選手都希望自己取勝、對手落敗。雙方在對戰時會特別留意對手的弱點，並針對這些弱點攻擊以求致勝。一旦選手發現對手腳程不快，他一定會逼迫對手衝刺跑動；如果對手的反手回球容易出錯，他則必定會專往對手反手拍的方向進攻。介於選手之間的球網，象徵著「隔離」。

反之，若兩方有一天成了雙打搭檔，他們會思考如何在觀察到彼此的弱點後，找出互補的合作之道——因為他們的目標不再是我勝你敗，而是共同取勝。伴侶關係就像雙打搭檔一樣，關係裡的兩方永遠屬於同隊的夥伴，擁有一致的目標。當雙方確認是為了共同的勝利而戰，那他們在遭遇到可能動搖彼此連結的障礙時，勢必願意一起克服。現在，球網象徵了「結盟」。而留意對方的意圖，也從「針對攻擊」轉變為「提供有效支援」。我們必須放棄以自我為中心的思維，才能接受真誠分享情愛的可能性。

成功的親密關係，建立在相互信任的基礎上。其涵義是雙方都願意對對方付出信任，雙方也都值得另一半付出信任。「信任」和「值得信任」這兩項元素，不僅是人與人之間安全感的來源，更是親密關係萌芽的契機，它們能滋長愛意、強化連結，進而滿足心靈成長的需要。

一般而言，人們處在熱戀期的時候，通常可以無條件而無保留地信任對方。此時人們也傾向於認定自己所接收到的愛情絕對穩固堅定。因此一，旦在熱戀階段發現自己受到背叛，心理打擊也會顯得格外嚴重。明智的成年人不會在交往初期就莽撞地陷入熱戀期，而是先由謹慎觀察著手。在觀察期，我們應該採取保留態度，檢視一下對方是否值得信賴、是否有能力付出5A的愛、是否具備我們重視的特質。確認過以上的相處條件之後，再敞開心胸、發展愛情也不遲。切記，「相互吸引」與信任毫不相干，唯有經過理性的觀察期，才適合進入下一個階段——雖然有時還是可能誤判，但至少我們已經盡力效法福爾摩斯的精神了。

毋庸置疑地，熱情的迷戀與彼此之間的化學作用令人感到興奮，因為永不滿足的自我（needy self）找到了賴以滿足的機會。此外，健康的自我（healthy ego）同樣也會感到振奮，因為親密關係有助於個別的自我成長，使我們對童年時代或過往戀情殘存的內心衝突更為透徹。這也是許多人的共通經驗：在某個醉人的夜晚，找到了靈魂伴侶，也找到了靈性成長的課題。至於故事的發展為何呢？需求的自我可能會怪罪另一半，而健康的自我無論如何將會心存感激。

假設我們正為自尊低落的問題所困擾，又有幸在此時遇到一位值得信賴的伴侶，我們可能一不小心就告訴自己：「跟她在一起的感覺太好了，所以我忘了繼續為自我價值奮戰。現在我需要仰賴她來得到我沒辦法給自己的信心，所以她當然有義務待在我身邊。」顯然，這不是維持一段親密關係的「健康理由」。每一個人對於5A的需求滿足（關注、接納、欣賞、情感、容許），來自另一半供給的部分至多只能佔四分之一。世上沒有任何人會因為我們的期待，而有義務滿足我們大部分或甚至所有的情感需求。

一個獨立的個體會向那些作風一貫可靠的人看齊，而一段成熟的親密關係也必須奠定在通過驗證的信任基礎上。成年人彼此之間的信任感，在具備連續性和一致性的環境中較容易累積。對於他人值得信任與否，我們沒有控制權；我們只能在信任關係存在時選擇相信，信任關係破壞時選擇停止相信。儘管信任關係猶如一艘在大海中飄搖的脆弱船隻，但這依然無損於以相信對方不會背叛我們為前提，共同遵守協議的正當性。

簡言之，在對方的表現可靠時，信任將能順利維持，反之，信任即會終止；這樣的因果並非單行道，有時它在親密關係裡會反覆循環——信任重啟、又再度終止。然而，過度渴望找到一位值得信任的伴侶，常令我們受困於不快樂的情緒中。「萬法無常」是佛陀首要的教誨，最終，世間的所有皆不可依靠，因此一旦我們妄想緊握住這些無常，勢必難以知足，甚至因而受苦。這並不是在否認有些人對我們的態度永遠值得信賴，對於這些人，我們絕對應該珍惜、感激他們無條件且持續付出的可靠與忠誠。這只是提醒我們，擁有看透無常的智慧以後，仍能平衡自如。

我們當然無法決定另一半對我們的情感有多強烈，又能維持多久。一個成熟的人必須學會理解，人的情感與信任是有保存期限以及生命週期的。在親密關係裡融入智慧，使我們在知道對方能夠陪伴我們走多遠、允許彼此多親近、在這段關係裡能給予多少承諾時，比較容易調整自己的步伐，決定前進或是後退。而我們自身的目標相當單純：開放一些「心理空間」，容納「承諾我願意」的可能性，在適當的時機選擇朝向對方前進，或是在關係無法前進時為自己開闢另一條路。

一個成年人應該接受「信任」與心中的「盼望和預期」無關。我們不可能只因相信自己「值得」或「有權」享有對方忠誠以待，就推定對方值得信賴。自我必須向現實低頭，因為無情的背叛畢竟血淋淋地存在著。想要學習如何成熟地面對親密關係，首先要在對方傷害我們時大聲喊痛，在失去對方時宣洩悲傷，在無可挽救時跨步前行。如同達賴喇嘛（Dalai Lama）所言：「我們可以對行為憤怒，但不要傷害行為的執行者。」

我們觀察他人，同時審視自己。既然信任需要時間的醞釀與培養，那麼在親密關係發展之初，「維護個人界線」自然十分重要。我們不必一開始就急於掏心掏肺、過度揭露自我；隨著相處時間愈來愈長，再適度將內心深處的自我一點一滴地與對方分享。

當我們的生命歷練增加以後，看待旁人及周遭世界的態度會變得更加圓融。因為回歸自我，所以不致輕易受騙或者憤世嫉俗；因為學會悲憫，所以理解背棄諾言的人性弱點。成熟的自我可以決定拋開絕望或報復之心，為自己堅守靈性的修持：「慈愛」與「無條件的承諾」。慈愛引導我們以建立自己忠誠的人生態度以及尋找想法相似的伴侶為重心；而練習無條件地許下承諾，則提醒我們隨時感激忠誠以待的另一半，並且在事與願違時也不致封閉自己。

如果我們向來是親密關係中不值得信任的那一方，我們可能是對彼此的信任有不當的認知——認為即使我們欺騙對方，對方仍然必須信任我們。這是充滿矛盾的雙重標準：一方面缺乏可信的言行紀錄，一方面又要求另一半尊重自己。此時唯一的解決方式，就是下定決心改變自我。當我們以具體行動證明改變的誠意，並且不再向對方無理地需索信任時，親密關係才有機會獲得改善。

除此之外，在改變初期就企望伴侶立刻停止懷疑，這顯然不切實際；我們必須以耐心取代要求，以言行加上生活模式的修正來取代自以為是。想要共同修補親密關係的要件，是放下自我與操弄人心的惡習，練習在任何情境下都以完全忠實、正直的心態面對。當你走在健康關係的路上，你會有所「覺察」。而一個缺乏罪惡感與忠誠感的反社會個體，則通常對此嗤之以鼻，將對伴侶的愧疚視為無謂的多愁善感。

親密關係之中的相互信任，會驅使我們向某個人敞開心胸、揭露自我，並且仰賴對方的回應。這意味著我們要承擔風險，因為對方可能無法回應我們的期待，甚至可能欺騙我們的情感。但是，根據對方過去的一言一行，如果他或她值得信賴，這絕對是個值得承擔的風險。儘管對方可靠與否會因為缺乏參考依據而無從判斷，只要勇於接受未知，我們依舊可以放手一搏。信任是人與人之間相互的交流，也是一場願意將自己置身於脆弱之中的冒險，猶如《哈姆雷特》一劇裡的台詞：

> 我罔顧不測之凶險，拼著血肉之軀，
> 奮然與命運、死神、危機挑戰。

交出自己：臣服於有承諾的關係

一旦我們內在的平安與身心的安全感是基於某人對我們的忠誠，我們就會活在那個人的影響力之下。但是，如果我們是因為臣服於承諾並理解其中的限制，那麼這份自發的安全感與祥和感，即是自我的內在資源。「臣服」的真實涵義在於，向自己證明**我們**

有能力相信自己。如此一來，信任也被重新定位成「授與自己冒險的權力」。

自我信任代表放棄「掌控欲」，並勇於面對不忠或理想幻滅的可能性。「掌控欲」與自我「掌控力」不同，掌控力指的是放下「不屬於自我能力可及之事」的種種奢望。以5A的愛對待他人，輔以付出慈愛的靈修，可以幫助我們擺脫向外需索的習慣，培養自我掌控力。

在人生旅途中，每一個人都免不了因為遇到一些自私或不忠的人而感到痛苦；隨著靈性意識的成長，我們將會發現，自私與不忠的人其實也在受苦。自私或不忠與人性背道而馳——人類的本性渴望放開心胸，偏偏這兩者使我們作繭自縛，進而產生壓迫和痛苦。我們不妨將「自己」與那些「自私或不忠的人」都列入練習慈愛的對象，漸漸地，你會發現人性的黑暗面在我們眼前浮現得更加清晰，然而，我們不應將此視為對人性感到悲觀的理由，而應當作修習惻隱及同理學分的大好機會。

當我們真正信任某人時，我們臣服的對像是對方；而當我們接受對方願意為了彼此成為怎樣的人時，我們臣服的對像是現實。臣服於現實的當下，我們就不會再以恐懼或疏離的心情看待對方的過與不及，而是充滿好奇。同時，站在認清現實的原點，我們就能夠決定自己的下一步，並且和對方商討如何滿足彼此的需求。

伴侶中臣服於現實的一方，對雙方關係的輪廓及現狀較有概念，但不會試圖去左右這段關係的發展方向。以下例子為某位想法切合現實的男性，描述他與一位女性交往的現狀：「我喜歡她的陪伴，我發現她也滿喜歡我的陪伴。我知道她有許多可以分享感受與想法的異性朋友，她與他們的關係相當親密。我希望自己能夠尊重她與這些異性朋友之間互相支持的友誼，我也希望自己能夠相信她說的：『她與他們擁有的是柏拉圖式的關係。』但是，有時我心中還是會有所懷疑，我不願妄下結論或要求她視我為唯一的交往對象。儘管我的確希望她願意給我一個機會，成為她身邊重要且特殊的人，然而，如果我發現我的希望不切實際，我會放下並面對現實。之後，我會試著跟她談談我對雙方關係進展的考量並坦誠我的希望，但我不會一次性地向她全部傾吐，而是視我們的交往進度適時溝通。」相較於「我就是無法相信任何身邊有許多異性朋友的女性」，這位男性的心態較為健康。

上述例子說明瞭何謂坦然面對並且臣服於兩性交往的現實狀況。接下來要討論的，是更具挑戰性的臣服對象——特定人物（伴侶）以及互信關係的承諾。一般人多半認為，男性在「向伴侶臣服」一事上常感到困難重重，因為這意味著放棄「自由」——這是許多男性向來將之視作最珍貴的寶物，因此，這也常用以解釋男性為何對親密和承諾感到恐懼。事實上，多數在親密關係或承諾之前卻步的人，害怕的是發展過程中可能伴隨的體驗：這些人想像親密關係會令自己感到窒息、受到束縛或是自我遭受吞沒，而「個人認同」（常被聯想成「是各自獨立的」）也將難以保持。某些男人因而轉為尋求不需負擔任何責任的兩性關係。

如果男方抱持這類想法，與他們交往的對象就得耗費一段時間，向他們證明「毫無保留的愛是安全的」。此時，女方必須願意接受「開放式的交往關係」；換句話說，就是一段男方隨時可以快速脫逃的交往關係。這將會浮現兩個問題：首先，要遇到一個具備如此耐心的對象，機率極低；其次，假設真的有人願意為我們犧牲到這種地步卻不要求任何回報與承諾，我們會尊重她嗎？

至於女性對此的回應則可能是：「很高興我不用再照顧這種男人了。如果他們害怕在親密關係中交出自己，但是有心想要解決這個問題，我會建議他們接受專業治療。至於那些想要跟我交往，卻老是覺得必須因此放棄自由的傢夥，還是免談吧。」

諷刺的是，害怕在親密關係中失去自由的男人，通常對「上癮」毫無忌諱（上癮一詞的拉丁字源即是「臣服、投降」）。顯然地，上癮等於某種形式的「放棄自由」，但它反而很少令人望之卻步。一旦我們面對自己定義為「必需品」的事物——無論是酒精、毒品、賭博或性愛——對於交出自己與許下諾言的恐懼似乎就煙消雲散了。這暴露出一個事實，男性真正畏懼的並非交出自己或放棄自由，而是與一位現實裡的人進展成一段完全的親密關係後，自己將會變得如何。簡單來說，就是「身分認同焦慮」（identity anxiety），因為男性過於害怕「再也無法獨立了」。那麼，男性該如何學習**像毛毛蟲迎接生命的蛻變一般，順其自然地看待親密關係的發展**呢？

酒精成癮的男人在避免被人發現酗酒一事上，往往經驗豐富。他們體會過在陷入緊張情緒或不得不面對事情真相時，酒精如何幫助自己釋放焦慮。沉迷於毒品的人則體會過在用藥後自己的空虛如何立即、有效地獲得填補，然後滿足感、甚至勝利感也隨之而來。他們對於自我受到束縛或是自主權被吞沒、被擊垮的恐懼，都因為酒精與藥物而暫時平息了。

因此，在臣服的恐懼感阻礙了我們親密關係進展的同時，我們卻可能正全心全意地向具有成癮性的危險物品臣服。只要愈向自己的內心深處觀察、反思，就勢必會愈質疑自己。「十二康復步驟」（twelve-step programs）[1]提供我們練習用「溫和的耐心」來對付成癮問題。然而重點是，我們必須放棄自我（ego）、放棄使用成癮物品並且向「十二康復步驟」臣服，自願接受「相信超越己身力量」伴隨而來的風險。

上癮是我們對認可感或歸屬感需求的錯置，如前文所提，錯置的依賴對象包括酒精、性愛等。由於現代人身處於競爭激烈的環境中，周遭有些人不僅不會替我們著想，甚至可能會為了妨礙我們成功而在背後扯後腿。媒體新聞中總是不乏某位運動明星或政治偶像各類型的成癮消息，看來，即使擁有再大的成就、再耀眼的光環，也未必能滿足一個人內心渴望被認可的需求。而成年人上癮的對象，無論是人、事、地，其功用都是母親不在身邊時，用來代替她的存在與她平時帶給我們的安撫感，就像我們兒時擁抱

1. 編注：最先由戒酒無名會（Alcoholics Anonymous）採用的戒癮療程，利用十二個溫和步驟慢慢導引酗酒者戒酒，之後被許多斷癮組織修改及廣泛應用。

的泰迪熊一般。尋找替代品是我們從小就知道的事，只是現在以若有似無的成癮形式表現，同時還可能對我們自身有害。

「十二康復步驟」的核心觀點正是「臣服」。輔導人員會建議你將自己的親身經驗無所保留地全盤托出。相信「承認無力感」將帶來真正的力量，由此開始，逐漸強化自我的生命控制力。此外，「十二康復步驟」隨時提供參與者所需的認可感、歸屬感與維繫生命的安撫感，以促進治療效果。這有助於我們走上信任他人和信任自己的道路，而參與者還能從中獲得支援——**這怎麼會是我們自始至終的恐懼呢**？

其實，我們不需要透過上癮才能擁有這類生命成長的經驗，在健康的關係中，相愛的雙方就能互相給予認可、歸屬與安撫感。我們甚至不需要透過任何愛情形式的親密關係，一段有意義的友誼或參與一個能夠分享熱情的團體，都能獲得同樣的認可、歸屬與安撫感。這些人際交流經驗賦予的自我安撫能力，使我們蛻變為成年人。然後，我們將學會怡然自處，完成人類必經的需求歷程——自我需求、取得他人資源，到最終的「自我滿足」。

該尋求誰的支持？

大多數的哺乳動物遭逢危險時，會去尋找安全的藏身處，例如兔子躲進洞穴之中。

但靈長類動物的反應不同，我們會去尋找可以幫助自己的同伴；而人類有時甚至會因此去尋找「至高無上之存在」的支持。此外，所有的哺乳動物都有能力快速學會保護自身安全，並同時待在某個群體內。這就和人類身心成長的進程一樣，我們先從外界獲取安全感，再漸漸地轉向自我的內在世界尋求安全感，並同時保有相互扶持的人際關係，這類的人際關係相當於靈長類的小型社會。

當我們身陷困境時，會去尋求仰賴的對象，那必定也是我們能夠信任的對象。這個對象通常不曾令我們感到失望，並且我們相信他或她將來也不會令我們感到失望。對方之所以值得相信，是因為我們和對方之間擁有長期而穩固的連結關係。因此，即使我們的平靜暫時受到破壞或幹擾，只要獲得對方的支持與安撫，我們就能有效地恢復冷靜、重建自我。以上正是一段健康親密關係的寫照——當需要時，我們總是可以安心地尋求另一半的支援。回顧一下人生第一次坐雲霄飛車的情境，如果身邊有個面無懼色的同伴，我們是不是就能安心許多？而微妙的是，一旦有了無畏於自身恐懼的「他人」從旁陪伴時，我們內心便能湧現安全感，並以此面對自己恐懼的情緒，緊接著「勇氣」將隨之而來。

能夠滿足我們重要需求的人，才是值得我們優先信任的對象。以情感而言，無論是童年時期或成年時期，每個人最重要的需求為 5A 的愛，**在 5A 俱足的前提下，信任才得以建立**。所謂 5A 俱足，是指一個人能以**關注**、**接納**的方式愛我們，同時**欣賞**而尊重我們的自我，並且對我們適時地表達**情感**；**容許**我們自由生活而不會加以干涉或控制。一個有自信的成年人，只有在遇到日常隨時實踐5A的人時，才能夠完全信任對方，這是前述仰賴「可靠度」的真正意義。

值得信賴的另一半，應該就是那位元我們在需要時可以尋求支援的人，也是就算雙方發生衝突依舊不離不棄的人。「我知道你愛我，也知道你在我們的關係出現危機時，願意陪伴我一起度過。你會將焦點放在解決衝突，而非誰是最終的贏家。」而互信的意義為：我們在相處的過程中難免發生爭執，但是這與威脅無關，我們不會懲罰彼此，而當爭執平息之後，我們仍是相互支持的人生伴侶。

從前段的描述中可知，值得信賴的關鍵是——不離不棄。

一段健康的親密關係，必須持續地存在以下元素：提出問題、處理、解決並整合雙方的衝突。如果其中一方缺乏「提出問題、處理、解決、整合」的誠意，要相信這段關係會開花結果是不可能的。試想，一旦以逃避和否認問題的態度取代「正視並提出問題」，親密關係的承諾怎麼可能成立？其次，如果拒絕向對方表達情緒、再一起思索問題所在，等於是拒絕了處理雙方疑慮的機會；而若以壓抑情緒的方式代替實質解決問題，彼此的不滿勢必會與日俱增。唯有將每次化解衝突的經驗整合成日常相處之道，親密關係才得以健康成長。

許多人因為錯誤解讀、受到抑制或者是禁止深究等理由，養成了一個處理「過去」

的壞習慣——丟棄它。其實，提出現在面對的各種衝突，是清理心中陳年老垢的絕佳機會。一開始我們可能會因過去經驗不斷損害現在式的親密關係、或是不確定對方是否關心等因素而感到絕望；有時我們甚至在嘗試檢視過去對現在的影響之前，就已經選擇放棄了。而這些被我們直接丟棄的過去，卻可能藏著一座寶藏，猶如英國詩人約翰・唐恩（John Donne）的感嘆：「偉大的王子永被幽禁在囚牢之中。」

其實，過去不一定只能是處理內在問題的干擾因素。這次我們可以把握機會，選擇呈現較多「真實的自我」，或許我們還能因此發覺對方能夠理解。即使失敗了，即使受到壓抑，也不必操之過急，我們一定還有探索過去的機會。此類的練習雖具有冒險性，卻相當值得嘗試，因為它有助於我們釋放自己、獲取自由。後面的自我練習，就是在介紹簡易的探索方法。

探索自己的信任模式

在尋找值得信任的另一半時，我們會經歷幾個階段。這與英國精神病學家約翰・鮑爾比提出過關於孤兒與流離失所之孩童的研究結果有異曲同工之妙。首先，我們會以自己內心的勾勒與判斷來決定交往對象，一旦對方之後證明我們判斷錯誤（即他或她不可信任），我們將感到憤怒；要我們重拾對對方的信任，可說是難如登天，有時我們會甚至因為這類經驗，從此再也無法相信任何人。

第一個轉變：**從主動示好到憤怒**，反映出當我們基本而固有的需求不受尊重時，內心產生的挫折感。因為我們相信對方應該要回應我們的需求，因此當事與願違時，我們會被激怒並且否定自己的能力。第二個轉變：**從憤怒到絕望**，這背後的意義比較微妙，通常要到事隔多年以後我們才覺察得到。有些人將其錯誤解讀為「明智的保留態度、獨立自主、謹慎小心」，甚至是「精神超脫」（spiritual detachment）。然而這種絕望，其實是失去對周遭所有人的信任，失去與人接觸的信心。以下圖示幫助我們理解這三種階段的內心轉變：

主動示好

· 主動接觸對方。
· 為了使對方留下深刻印象，我們會確保對方看到自己最好的一面，並確保自己表現出最佳行為。
· 因喜悅與熱衷而感到朝氣蓬勃。

↓

感到憤怒

· 對方若沒有加以回應，或是背叛、遺棄我們，我們將感到憤怒。
· 可能會採取報復行動。
· 內心承受失望和「應得特權」遭人辜負之感。

↓

墜入絕望

· 放棄相信在這段或其他所有關係中，有機會重拾對人的信任感。
· 排斥親密關係。
· 被「酸葡萄」心態束縛，並且不願嘗試其他以信任為前提的交往機會。

5A與自我的交會

以下列出5A的五項元素，以及與其相對的「自我中心模式」的元素，後者導致我們無法信任他人：

親密模式	神經質的自我模式
關注	自我中心
接納	評論與批判
欣賞	冷漠以待或怪罪對方
情感	疏離
容許	掌控

練習5A的愛可以幫助彼此漸漸遠離「自戀」，開啟「連結」的可能性：

- **關注**對方可使人從自我中心情緒的習慣中釋放。
- **接納**對方可使人從批判的習慣中釋放。
- 以**欣賞**的愛替代冷漠或憤怒的情緒。

- 不是為了要求性愛而向對方表達**情感**，能幫助親密關係演進得更加豐富深刻。
- 容**許**的真實涵義為：放下掌控欲，才可能學會尊重對方的自由。

缺乏安全感的依附，會造成我們的神經系統時時處在不被理解的警戒狀態，這是親密關係「順利而連續進展」的大敵，因此必須加以修補。延誤修補的後果是雙方的信任感不斷地被侵蝕，所以有必要正視並提出關係中的現存問題。值得信賴的人之所以值得信賴，關鍵在於這些人在許下承諾以後能信守承諾，當親密關係出現裂痕，值得信賴的人不會逃避，而是付諸行動——持續地修補和改善。

人們選擇逃避個人痛苦的方式，與逃避親密關係中雙方共同問題的方式如出一轍。舉例來說，有些人會透過外遇來逃避與另一半相處時所感到的不滿。上述的練習——提出、處理、解決「眼前的問題」——可避免一開始就面對龐大而艱辛的修補工作，而只需要從願意拋棄「應得特權」之自我中心的想法，從充分表達內心的痛楚開始。但是，表達的態度必須不卑不亢，這點對沒有經過練習的人而言較難辦到。因此，平時不斷提醒自己「放下自我」，終有一天，它會化身為經營成功親密關係的必備工具。

現在是準備提問的時候了。我們怎麼知道何時才能明智地信任另一半呢？答案涵蓋本章至今讀到的全部內容。當我們的伴侶在相處時持續表現出（至少）以下六個特質，我們就可以放心地信任對方。

- 為了經營親密關係，真誠地練習「放下自我」。
- 持續付出 5A 的愛，理解我們的感受。
- 堅信親密關係是一座安全的港灣，使彼此能夠自由地探索人生，並在需要時返航、停泊。
- 遵守各項協議。
- 雙方共同參與決議過程。
- 願意提出、處理和解決問題，其中包括願意溝通在此親密關係之中缺乏何種元素而造成痛苦，並且願意為了自己所獲取的滿足感向對方表達感激之意。

這六項指標也可視為「長期信守承諾」的定義。依此，信任就可進一步定義為對「信守承諾之證據」的回應了。如果少了這層信任關係，我們可能永遠活在保護色底下，而為了保護自己，「自我」必然以同等比例膨脹，最終掩飾住隱藏在內心深處的畏懼。受虐者往往會成為施虐者，而且是以相同於過去受虐的方式、因為相同於過去受虐的理由而施虐他人。這是信任關係的具體對照，長期遭受背叛的人，最終很難成為值得信賴的一方，他們只會濫用或控制旁人寄予的信任。

如今，我們理解了 5A 與自我交會之後可能發生的情境，此刻，自我終於獲得「退位」的機會。隨著自我愈來愈淡化，恐懼和壓力也能逐步消失，接下來就是 5A「登基」的時刻了。

伴侶之間相互付出的每一種5A，都能為彼此提升自尊。「關注」使我們感受到關心與重視，「接納」使我們期許自己變得更好，「欣賞」代表對方的認同、敬佩和理解，「情感」給予我們肌膚之親的正面情緒，「容許」則是對我們自由選擇之權利的肯定。實踐5A帶來的結果，基本上就是「自尊」的定義：受到重視；改善自我；獲得旁人的認可、欣賞和理解；喜愛自己的身體；擁有以真實的自我做決定的空間。

練習 審視自己的親密關係

這個圖表可以幫助我們比較「信任」與「值得信任」的特質有何差異：

「信任」的特質	「值得信任」的特質
對值得信任的人有信心	成為值得信任的人
有條件的	無條件的
依賴的	可被依賴的

一種相信	一種人格特質
由經驗產生	由自我練習而得
建立於他人的行為上	建立於個人的標準上
需要持續地審慎評估他人的動機與行為	不需要他人回報、個人的良知承諾
可能受到他人影響	不為他人言行所影響
可能因虛幻的自我投射或依賴他人錯誤的承諾而導致自己感到被辜負	誠懇地給予他人自我本質的一部分
可能是暫時的	永久的
童年時期身處於健全的成長環境時所獲得的能力	一種從靈性意識萌芽、成長的德行
尋找來自外界的安全感	在自己的內心找到安全感

練習

如何確認另一半是否值得信任

利用以下延伸清單，審視在你目前的親密關係中，雙方對彼此的態度。接著將此清單連同你對列舉項目的回應，與另一半分享。請對方從他／她的角度，逐項審視你們目前的親密關係。如果有任何一方得到非正面的描述，討論一下可以改善現狀的具體行動。

你的另一半是否——

- □表現正直，並且其所作所為符合公平、誠實的標準？（依據《韋伯斯特辭典》的定義，正直與信任的關係在於「信任是對他人的正直可確定的仰賴」）
- □或許是以自身利益為考量事情的出發點，儘管如此，卻從未犧牲我或其他人的利益？
- □不會報復、冷戰、懷恨在心或訴諸暴力？
- □如預期般地對我表達 5A 的愛？
- □當我需要時會支援我？
- □遵守協議？
- □保持忠誠？
- □沒有說謊或藏有秘密？
- □真誠地關心我？
- □陪伴我或支持我？

□真實地表現原本的自己或他／她希望成為的模樣？無論如何都能對我直言不諱？

□尊重我的界線——例如當我說不時，他／她願意讓步嗎？在衝突發生時，願意共同正視、處理和解決問題？（這意味著另一半在你的生命中可靠與否，也意味著困難或衝突出現時，對方的回應是羅密歐所說的「我依舊會在妳身邊」而非「讓我離開！」）

□在我向他／她傾訴生活中所遭遇到的問題時，不會輕易尋求解決方案，而會先試著感同身受我面臨的困境，並且深究我當下真正的需求為何？

□願意不帶任何批判態度（沒有固定信仰或道德信念）聆聽我說話？使我不需要想到或說出：「你／妳根本沒有在聽我說話。」使我注意到他／她專注地傾聽、觀察我的話語、感受和肢體語言。（傾聽對方的能力與信任息息相關，當雙方的溝通出現障礙時，背後隱藏的問題其實出在「信任」）

□不會放棄我或放棄任何人？並且願意相信「人性本善」以及「人人皆有開發清明覺性的潛能」？同時他／她有信心能夠化解與其他人的問題？當他人拒絕他／她提出的解決方案並要求他／她離開時，他／她有能力使對方改變心意嗎？

□當犯錯時力求坦白，並會真誠地道歉，而非捍衛他／她自己的立場？（一個不會認錯，只會高聲堅持自己的不良行為是合理的人，不適合作為發展親密關係的對象。類似的自我堅持假設發生在醫師或總統身上，後果將多麼不堪設想——我記得在一段季辛吉的訪談中，他提到：「尼克森總統不願在他的任內及早結束越戰，因為他不願意被後人記作一位打敗仗的總統。」試想，如果尼克森總統的兒子在前線，他的立場又會是如何？）

我們可以觀察另一半值得信任和不值得信任之處，將其作為判斷親密關係是否應該繼續的指標；但是，絕對不要將這份核對清單的檢視結果，視為遭到背叛後的報復動機，或是明明已知自己正在受傷，卻仍守著這段關係。

我們也可以檢視我們的性生活：

□我對你在性方面的興趣多大？
□當我看見你、與你相處或想到你時，心情有多愉悅？
□我們的性生活有助於彼此之間親密感的增進嗎？
□我們能夠透過「非性行為」的方式產生親密感嗎？

我們可與另一半共同討論這些問題並且分享我們的答案，對方亦然。

5A的愛教導我們，在緊抓住自身所需之外，如何開始從另一半的利益來考量雙方關係的發展。身心健康的人會發現，所謂的「利益」是較性愛更為真誠的連結形式。當我們由衷為對方的利益著想時，5A 就能融入每一次的性愛及親密經驗之中。這在你現有的親密關係裡，是現在進行式嗎？

唯有兩方都願以成年人的方式處理親密關係中的問題，上述的檢視才能發揮功效。此外，一個良好的檢視，應該包含後續「改善建議」的討論，同時避免怪罪對方或報復行為。一開始，許多伴侶可能會對這類全然真誠而毫無防衛的溝通模式望之卻步，但是，只要漸進依循心理練習的實踐方法與靈性成長的全心投入，我們確實辦得到。我們和另一半之間是否正以**誠實**、**開放而非自我防禦**的姿態交流？

一個檢視者在被說服以前，心中仍可能略帶質疑。以下我用某個例子來說明自我心理檢視的質疑過程。首先，向自己提問：我所需要「值得信任」的特質是什麼？聽起來接受度較高的回答可能是：「我希望能夠從他口中聽到他願意許下更多承諾。」然而，如果我們深入檢視內心「真正的期待」，其中可能蘊含了三種質疑成分。

第一，這個回答另一層較為幼稚的涵義為：「我需要確認他永遠不會讓我失望。」這一層涵義因為與現實不符，無法構成一個成年人合理的期待。**只要我們仍在追求全面的安全感，就等於否認生命的現實和本質**。只要我們期待一段親密關係應該為我們帶來完全的保護，認清現實的覺醒就難以發生，而我們依舊對長大成人這件事心存畏懼。

其次，這答案事實上隱約暗示了對對方行為的控制欲。固執的自我主義者往往需要擁有完全的掌控，因此他們要與他人建立以信任為前提的連結關係，相當不容易。自我主義者心中認定真正的安全感來自於「控制度」，但矛盾的是，如此一來反而會使自己陷入不安。想要掌控他人的意圖，就是一種緊抓不放的表現。

再者，這答案本身反映出對自己內在靈性的質疑，因為它意味著我們需要某個超越人類與人性、並且絕對可靠的力量存在。

練習 如何將交流化為值得信任的特質

值得信任的人擁有的，不是對周遭的攻擊性，而是堅定性。堅定性源於對於自我和他人的尊重，攻擊性卻源於自我滿足的需求。我們不妨檢視一下自己屬於哪種類型的人，以及我們是否願意自我提升，改善攻擊性的部分。

多數人對「成為一個完全堅定的人」或多或少都會感到退卻，因此寧可選擇以被動的態度面對。其實，承諾自己成為真誠而堅定的人，能夠釋放內心對「自在做自己」的莫名恐懼，也能夠使我們敞開心胸去發展一段親密關係。練習健康的自我堅持，才有能力獲得真愛，而你夠勇敢嗎？

以下列表幫助我們反省自己的性格傾向，究竟是「堅定性」較多，還是「攻擊性」較多？

堅定性	攻擊性
建立在願意表達自己的需求與感受上	建立在超出自己掌控的恐懼上
知道自己擁有權力，也不會因為他人擁有權力而感到威脅：我們與他人為了眾人的好處一起尋求權力	一直企圖以佔上風的姿態獲取更多掌控：我們尋求比他人更多的權力
能將苦難視為「提出、處理和解決問題」的機會	苦難讓我們想要掌控，變得有攻擊性
清楚地表達自己的訴求與需要	將自己的訴求與需要直接或間接地強加在他人身上
以禮貌的態度請求我們想要的	以強求或命令的方式來獲得我們想要的
能夠接受別人的拒絕，而且不會強求	施壓到對方讓步為止，心中想「你等著被制伏吧！」
以「我」為論述主詞	以「你」為論述主詞
尊重他人的界線	漠視他人的界線
以真誠的態度表達接受、拒絕或不確定，並表達我們的喜好與界線	以言語當作操縱他人的最佳策略

請求他人清楚表達他們自身的需求，即使他們說的令我們不悅，我們仍然願意傾聽	受限於自己的需要而無法傾聽或關心他人的意見與需求
為了使對方得知我們情緒的來由，我們以尊重的態度表達感受	為了達成恐嚇、威脅、霸淩的目的，我們以戲劇化的誇張方式表達情緒
隨時保持尊重，將對方視為同伴	對他人不予尊重，視他人為物品
對於希望對方能夠改變的行為，我們以身作則	己所不欲而施於人，並且不允許他人以同樣的行為回應
請他人為他們自己的行為負責	指責或羞辱他人的行為
在尋求領先的同時，也以不同的方式肯定他人	為了自己一定要贏，傷害或羞辱他人也在所不惜
解決問題時，能放眼於眾人之利益	只在意自己是否通行無阻
理解不可能凡事盡如人意，而我們永遠願意與他人協商，討論出符合更多人需求的創意解決之道	總在尋找報復機會來對付那些膽敢讓我們失望的人
採取非暴力的言行	總是辱罵、挖苦或侮辱他人
為自己合理的權利發聲	堅持特權

當他人的行為影響到我們時會讓對方知道，若是負面的會喊痛或說不；若是正面的會表達謝意	對於他人對我們的影響，若是負面的會極盡批評、蔑視之能事；若是正面的也未必會心存感激
如果有人辜負我們的期望，我們會向對方請求彌補而非施予報復	總在尋找機會來對付那些膽敢讓我們失望的人
不侵犯他人權益地追求自身利益，相信權利伴隨著相對應的義務，並且願意履行	以自身利益為最高原則行動，無論他人是否會在此過程中受到傷害；相信自身應得的特權，也認為背後並沒有相對應的義務
按照與他人合作的模式生活和行動	依「主宰他人」的模式生活和行動
各種有意識的創意溝通型式，可以加深彼此的關係	**由個人習性所驅使的表達方式，會毒害健康的溝通**

這張對照式的列表反映出行為光譜中的兩個極端，在兩個極端之間，當然還包括「被動性」等不勝枚舉的特質和溝通模式。

如果你發現自己「攻擊性」的特質比較多，可以選擇其中一兩個項目，花一週的時間，努力提醒自己轉而採用「堅定性」的溝通模式。

第4章

我們如何錯失了信任

每個渺小的松針因「同理」充盈而膨脹，邀請我成為朋友。我清醒地意識到眼前一切和我之間的某種親情，我想這世界對我來說，再也沒有陌生的地方了。

——梭羅，《湖濱散記》

在一九四六年上映的電影「詭計」（Deception）裡，貝蒂・戴維絲（Bette Davis）所飾演的女主角克莉絲汀與一位財力雄厚並且供她優渥生活的男士交往，然而就在此時，她與剛從雙方初識地（歐洲）返美的真愛重逢，最後克莉絲汀決定與富有的現任男友分手，並與真愛結為連理。兩人結婚後，儘管克莉絲汀從未向丈夫提及自己前一段戀情，她的丈夫卻逐漸起疑；而在與她的前男友碰面之後，他變得更加無法信賴克莉絲汀。某次夫妻對質時，克莉絲汀堅決否認與前男友的戀情，她的丈夫因而體認到妻子的話再也不能盡信了。而克莉絲汀的前男友又暗中威脅她要將兩人的過去曝光，為了保護這個秘密，克莉絲汀殺死了前男友。

在電影接近尾聲時，克莉絲汀向丈夫坦誠自己謀殺前男友的事實，同時全盤托出她過去的戀情，就在她前去警局投案自首前，克莉絲汀形容自己對丈夫產生了「前所未有的親密感」。這份全新的親密體驗，顯然源於她從一個秘密中解放的釋懷感，她終於成為一位真誠而值得信任的妻子——貝蒂・戴維絲的神情完美詮釋了當下輕鬆、愉快與心安的解脫。

最近看了這部電影以後，我問自己：「人們對彼此隱瞞或說謊，難道是因為**害怕進入更深刻的親密關係**嗎？」如果是這樣，謊言豈不是一種在親密關係中控制內心恐懼的方式，而「掩飾真相」則在幫助我們逃避脅迫感？就像克莉絲汀一樣，我們以為若要保護、維持隱私以避免難堪，就必須緊守秘密——但這可能只是「合理化自我」的想法，真正的目標其實是從真摯與心靈交流的親密關係中逃走。矛盾的是，我們選擇這麼做的同時，也逃離了真正的快樂、自由和滿足——那是親密關係本應帶給我們的禮物。

悲慘的是，我們緊守的秘密反而是抑止信任開花結果的手段。如同「詭計」裡的妻子，直到他們別離時，她才真正成為值得丈夫信任的人。假設後續發展不是別離呢？假設後續發展是與對方繼續相依相守，是否有些人就無法容許一段全然以信任為基礎的親密關係呢？此外，「詭計」的劇情也彰顯出恐懼與不信任之間的關聯。戴維絲所飾演的女主角對丈夫說：「我害怕對你坦誠後，你會拿來當作對付我的工具或離開我的理由。」話中的「害怕」其實是「不信任」，她無法信任另一半對她的愛是無條件的——這個例子再度說明了我們心中的恐懼有時是源於信任問題。

「害怕信任」也可能是明智評估過後的結果。如同劇中的丈夫，他因為察覺到妻子不值得信任的言行舉止而開始對信任產生恐懼。這類對於特定對象與特定情況的遲疑或許是正確的直覺。面對這類遲疑，我們下一步可以做的是「檢驗直覺的正確性」，審視它是否與現實相符。當然，激情或上癮的當下，人類的感受將凌駕一切直覺和經驗。

信任會喚醒過去的幽靈

有時，信任會喚醒潛意識的（unconscious）恐懼——來自於昔日受騙的親身遭遇。

這些受騙和被背叛的遭遇會形成一種心理制約，使我們將「信任他人」與「傷害」劃上等號。**此時此刻「有意識的信任」卻悄悄喚醒了彼時彼刻的「潛意識的聯想」，並進一步化為當下真切的感受**。尤其是在我們第一次愛上某人時，更會將此當成一個必須擷取的重要訊息。然而，這個「刺激」觸發「反應」的單純現象，卻時常導致我們難以釐清內心焦慮的真正原因。信任所帶來的刺激，觸發了我們曾經因此受傷的記憶；而新的信任關係，則會喚醒我們對舊有模式的記憶。被踐踏的信任，如今成了創傷後留下的疤。束縛現在的不是與信任相關的經驗，而是經驗造成的「凍結反應」（freeze reaction），於是，時間凍結在過去，干擾現在、霸佔當下。

「創傷治療」已經證明，在處理早期受虐經驗帶來的壓力時，生理構造是一種資源。這不是要我們去降低事實的影響力，而是重新設計我們與事實之間的連結關係。歷史無法改寫，但大腦的神經迴路卻可以改變；換言之，我們在保持完整記憶的狀態下，要確保會激發不斷傷害自身信任能力的情緒能不被喚起。藉由創傷治療，這種發生在成人階段對親密感、承諾與信任的恐懼，可以消化整合，使我們不再受「凍結反應」牽制。此外，以5A的態度面對創傷歷史，你將會發現，歷史終歸歷史，它無法喚醒恐懼，歷史不過是一段被持平看待的往事罷了——就像艾蜜莉．狄更生（Emily Dickinson）形容的「近乎平靜」（almost peace）。信念能使我們從受害者的身分解脫，成為一個「攜著彈痕的凱旋者」（victor-with-shrapnel），為歷史定下一個不算太壞的標題。

因為人類心理脆弱的本質，生命早期被拒絕或受騙的經驗，會使自我信任受創、僵化，即使那些經驗在一般人看來可能稀鬆平常。在缺乏情感資源的童年時代，面對傷痛，我們唯一的解決方式就是儲存在潛意識之中；而往後，當信任相關的經驗產生，制約反應即刻被觸發。由於此制約是根植在實際的過去經驗中，因此即使缺乏目前的現實基準，我們的恐懼與懷疑還是油然而生，並且不自覺地把過去於現在的「重演」（replay）誤認為是一種對於危險將至的直覺。換句話說，我們翻開一本「信任他人」的歷史檔案，其中可能寫滿自己的傷痕，除非遇到值得信任的人，以另一段長期經驗推翻它，否則這份檔案始終懸而未決。

這樣一來，每當我們進入一段新的親密關係時，無論前景多麼充滿希望，心中仍會浮現偏差的聯想，反覆提醒著我們過去的一切。為了療癒過去的傷口，潛意識會引領我們不斷為自己的歷史尋求一個「結局」，或是不斷去尋求某個值得信任的人。理性的意識告訴我們是拍續集（故事未來發展）的時候了，然而潛意識卻悄悄地進行老片重拍——儘管主角是新的，但劇本還是舊的。同時，這位主角可能還得解決既有問題——我們自身的問題。這都是在心中上演「時空錯置」的移情（transference）。

理解原生家庭的不健全處以後，我們可以試著以健康的方式與之切割，降低它對現況的影響力。如果我們與家人的情感糾葛過深，過去就更容易成為有害無益的羈絆。以電影「另類嫉妒」（Immacolata e Concetta）中的角色康伽塔為例，她的雙親為了各種癮頭和大起大落的生活所苦，而她深信自己有義務照顧他們，但這個信念卻導致父母對她產生不當的依賴。康伽塔在發現自己對父母的狀況無能為力時，心中產生了挫敗感與罪惡感。

因為受到童年經驗的制約，康伽塔的心中早已形成「支持他人」等同於「他人會令我失望」的連結，以至於當她成年後，康伽塔始終害怕對人許下承諾。即使到了現在，她與雙親的關係不再、他們也無法操弄她了，一幕幕的往事依舊強烈烙印在康伽塔的腦海——這有礙她個人信任能力的發展。因此，雖然理智告訴她，現在的她身旁擁有可靠的另一半，但康伽塔仍心存疑慮。她或許自認這份疑慮屬於明智而合理的懷疑，然而隱藏在深處的真相是她內在的恐懼——純粹對「承諾」本身的恐懼，無關對象。康伽塔過去向父母展現「可靠」的特質，如今那卻阻止她接受外來的「可靠」，何等諷刺。

另外，由於康伽塔的父母長期相互背叛，旁觀的她不但對親密關係感到絕望，她的安全感也被啃蝕殆盡。而現在，儲存於神經細胞的記憶成為她身體的一部分，隨時揮舞著警戒的紅旗。唯有對過去遭遇充分哀悼並從中釋放自我，她才可以說是為成年階段的親密關係做好了準備。

康伽塔的個案說明了為何成人所面對親密關係的問題，其實多為個人心理議題，因此需要先從個人身上處理和化解。有效的處理能幫助康伽塔先破壞關於信任的錯誤聯想及連結，再建立新的連結。然後她將擁有生平第一次與信任相關的美妙體驗——被他人守護。

移情是心理學專有名詞，意指童年遭遇所觸發的成年情感問題。[1]我們誤把現在面對的某人當成過去相處的另一人，並將過去的情緒移轉到現在面對的某人身上。移情的面貌千變萬化，或許是伴侶憤怒時語調上揚的聲音，喚起了我們童年時期被父親怒吼甚或暴力相向的記憶，而莫名地令我們感受到權利被剝奪的恐懼。諸如此類看似發生在親密關係裡的問題，其實是我們本身心中長年以來既有的問題；因為對其他人而言，語調上揚一般只是表達憤怒的正常表現。

在處理自我的移情作用時，我們可能會歷經以下三個階段——第一階段：不知所措，並且持續地感到壓力與情緒激動反應。當我們誠實提出問題，化解過去的傷痛後，將正式進入第二階段：情緒的強度持平，但時程變短。第三階段：情緒的強度將明顯趨緩，時程也大幅縮短，此時，我們發現自己正在解決問題。在第三階段中，因為童年往事對我們的影響力度已十分微弱，我們有立即穩定自身情緒的能力。同時，因為面對親密關係的韌性提升，自身的安全感也隨之提升。

當某人喚醒了我們內心與過去相互連結的安全感時，我們會因移情作用而願意信任

1. 編注：關於移情作用的更多敘述，請見作者的另一本著作《與過去和好：別讓過去創傷變成人際關係的困境》（*When the Past Is Present*，啟示出版）。

對方。如果遇到他／她使我們回想起熟悉的親切感或心中渴望依舊的家庭撫慰，我們或許會立刻認定這個人就是我們的真命天子（女），甚至墜入愛河。然而，除非我們釐清這份情感與過去的牽連，並從「此時此地」的眼光來認識對方，否則我們可能永遠無法透徹瞭解對方是否適合自己。如同佛陀的提醒，這種出於安全感的執著，會令人不自覺地捲入錯覺之中。

相較於友誼關係，親密關係衍生的移情效果更大，因此友誼的維繫通常較親密關係容易。除非友誼的性質出現變化——即開始轉為移情作用，否則友誼不易觸發童年時期所遭遇的問題與原生家庭的聯想，所以一般而言，友誼較為單純，帶來的壓力也較小。此外，我們會發現自己喜愛相處的朋友們，多半能令我們感受到舒適的安全感。

有些人可能會投入一段接著一段膚淺而短暫的交往關係，以逃避觸發問題的可能性；因為在這類短暫的交往關係中，伴侶不會要求我們改變任何行為。於是，我們追逐「淺嘗輒止」的伴侶關係以及其中帶來的性。一旦某位交往對象要求我們正視童年經驗相關的矛盾，我們可能很快就選擇終止這段關係。然而，人生總會在某個特殊時間點使我們發覺：「不必再逃避了。」這正是親密關係的價值所在——提供一個摸索與探究早期生命問題的管道。

藉由以下例子，我將闡明過去是如何「複雜化」我們現在的生活。當我們遇到某位可能交往的新對象時，都難免會心生緊張或不安全感，並開始揣想：「她會喜歡上我嗎？我符合她的期待嗎？」但我們的焦慮未必僅限於上述理性的自我質疑，在潛意識中，這份焦慮會延伸成恐懼——恐懼「未來」又會變成「過去」（過去包括童年時期和生命近期），而辜負或背叛將重新上演——簡言之，我們害怕這段關係會再次帶來傷害。然後，內心的自我保護機制過度啟動的結果是：一朝被蛇咬，十年怕草繩。

對親密關係的恐懼，背後隱藏的是「信任議題」，發現這一點是絕對必要的。如果只聚焦在恐懼本身，我們將會誤解這份恐懼完全來自於外在威脅——人、事、地——無論是出於真實或是想像。舉例來說，一個對親密感會感到恐懼的人，可以試著坦誠地對另一半說：「我對妳親近我的方式感到不舒服。妳似乎在緊抓住什麼，這種表現令我感到害怕。我們不妨一起解決這問題，找出一種雙方都能接受的相處方式。」對內心恐懼的覺察，可能促成「雙方能共同提出、處理與解決問題」平台的建立。

有時，我們無法信任自己的反應，並由此發現不信任的對象**其實是自己**。此時的著眼點由外在威脅移轉到內在疑慮，而內心浮現的種種問題則須由自己一肩扛起。我們可能會聽見內心有一個聲音告訴自己：「我不相信自己能夠好好處理與女性（或男性）的親密關係，因為我認為自己沒有辦法容忍親密關係裡『自己的感受』，也無力保護好『自己的界線』。」眼前的議題完全關乎個人，我們必須學習面對「自己的心理課題」，而非親密關係的經營。起初，我們恐懼的對象是他人；接著，我們開始質疑自己與任何人交往的能力。

對特定對象的恐懼——例如對原本就證實不值得信任的人產生恐懼——是正確而務實的，因為它反映了我們對他人的判斷力；但無法信任周遭「任何一個人」，就成了沒必要而不切實際的恐懼了。無論對方再可靠，我們都加以忽略——這種懷疑並不屬於知識或理性判斷，而是自身看待周遭世界的偏見罷了。

對信任感到全面性的恐懼，意味著我們本身的信任一開始就安裝失敗了，或是方向過度偏差，以致信任能力瓦解。這類對信任的「無差別」恐懼，再度將問題焦點轉回自己。改善方式包括通盤檢視自己的過去、釐清信任在何時出了差錯、為什麼出差錯，同時回顧信任生效的經驗。暫且撇開目前親密關係中「該怎麼表現」或「該產生什麼感受」，給自己一個充分哀悼過去的機會。別忘了，學會再度擁有信任能力的希望永遠都在。

與親密關係相關的恐懼多數來自「信任風險」。害怕承諾可能會使我們在親密感萌芽之初，就單方面地退出交往關係。我們自以為比起付出情愛，抱持恐懼的態度是更加明智的選擇。然而事實上，一旦發覺自己心生恐懼就打破循環鎖鏈，絕對是可行的：儘管恐懼依舊在，但它不再只是腦中之物，它位於球網之後，而「伴侶與我」是雙打比賽中同一陣線的夥伴。

當我們對彼此互訴內心恐懼時，便能更加正確地評估恐懼。只要大聲說出心中的感受，便能從對方的回應中得知對方對自己、對我們的想法；於此過程中，雙方都獲得新的訊息。這些彼此坦誠以待而取得的新訊息，將產生修復親密關係的共同能力，並能進一步滋養「愛」。

我們真正愛上某人時，會自然而然地變得勇氣十足。如同電影「綠野仙蹤」（The Wizard of Oz）裡桃樂絲被邪惡的巫婆困在城堡時，天性怯弱的獅子一開始想要逃避，但此時獅子發現了兩件事：(1)周遭的朋友們會陪同他一起營救桃樂絲；(2)他內心深愛桃樂絲。只要感受到愛並且有愛相伴，只要記起我們所愛的人會因我們掙脫恐懼的束縛而得益，那，即使處在恐懼之中，我們仍能相信自己。單純地回想自己所愛的人，就能幫助我們像「綠野仙蹤」裡的獅子般建立自我信任——在這裡，自我信任在本質上等同於「拋下恐懼」。被愛與愛人則能創造「自我價值感」（a sense of our own worth），它與信任、幸福感相當近似，同時正是前文提及的「內在資源」。

莎士比亞筆下的羅密歐是另一個以愛情釋放恐懼的典型。他為了見茱麗葉，攀越高牆、直闖花園。在茱麗葉警告羅密歐她的親人會以入侵罪名逮捕他時，他宣示自己相信茱麗葉的愛，為了這份愛他死不足惜。愛消滅了恐懼，其價值甚至高過寶貴的生命。

> 藉著愛的輕翼，我飛過圍牆；
> 堅石般的牆垣不能阻擋愛的力量，
> 愛能勇敢，愛能放手一搏；

所以愛不允妳家人干預我……
只要妳愛我，就讓他們發現吧；
我寧死於他們的仇恨，
也不願苟延殘喘，活在沒有愛的生命裡。

練習 從不敢信任自身權力的恐懼中釋放自己

反思一下，你是否曾對自己說過：「如果我展現我的權力，可能就沒有人會愛上我了，因此我選擇放棄對它的堅持與主張。」

這種想法，與選擇不愛自己是別無二致的。事實上，這種想法代表你放棄自己、折損力量以及貶抑自尊。從各種恐懼中釋放自己的第一步，是直接面對並處理對自身權力的恐懼感。我們不妨改對自己說：

我接受且珍惜自身的權力。
我是個擁有力量的人，因此恐懼無法左右我。唯有我能賦予恐懼力量。
我喜愛延伸生命的空間，以容許我不必尋覓立足之處，或當我缺乏立足之處時，我能免於恐懼。

如果我們在童年時期不准擁有權力——意即 5A 中的「容許」被否認——可能會導致兩種後果。第一種是在成人時期為了彌補過去而產生的「控制欲」。控制是可憐之人展示力量的手段，因為企圖獲取一些權力感，而想去控制周遭的環境與人。控制欲源於強迫心理與恐懼累積，但真正的自我力量應該來自於信任自己、提升自尊。第二種後果是延續自孩童階段的權威議題。例如，當我們在面對上司或納稅給政府時，心中的氣憤對象可能根本是我們的父親。然而，如此無能的憤怒只會反過來傷害自己，令自己的無力感愈來愈強烈，到了最後，成年的我們依舊只能服從父權的指令：「你本來就沒有權力！」

透過以下行動，你可以從對權力的恐懼中釋放自己：

- 承認自己害怕擁有力量，並肯定自己具備擁有力量的權利。
- 放棄試圖控制他人行為或控制自己未來生命的念頭。一旦心中無法放棄控制，我們就像站崗的衛兵般，動彈不得。
- 按照自己的選擇行事，同時對必要而合理的義務加以履行。
- 每日做些能夠實現和反映內在深層需求、價值觀及願望的事。

- 當感受浮現時，忠實地表達出來。
- 適時為自己辯護。
- 要求你想要的事物。
- 對自己的行為負責。
- 切勿忍受旁人對你任何形式的濫用。
- 主張並維持你的個人界線，特別是你處理／接受周遭事物的能力底線。
- 放棄任何為了討好他人所表現的行為。
- 做一些單純讓自己快樂的事，不要只做那些有助他人重拾人生價值的事。
- 不要只做那些回報如你預期的事，改當一位探險家。將新鮮感與創造力引入日常例行事務中，對未知放開心胸，最好去嘗試那些「依你平時個性，不可能會去做的事」。英雄的天命永遠屬於未知，引述羅密歐所說的：唯有在那「朦朧昏暗的宮殿裡」，英雄的天命才得以實現。
- 試著改變確保事物必須「百分之百合理」或「完全在掌控之中」的習慣，釋放自己的直覺與本能。以自發性、非防衛性、自然但負責任的方式行事——例如投入難度較高的運動，或者從事與性或感官相關的實驗。

以上所述中，特別是有關釋放直覺與本能的部分，可參考卡爾．羅傑斯（Carl

Rogers）著作《人性的迷失與復歸》（*A Way of Being*）裡一段鮮明的論述：「當我放鬆且接近超我的核心時，我在親密關係中的行為表現會變得有些反常與衝動。我無法證明這些行為的合理性……但這些反常行為的結果卻往往莫名地正確。」

在羅傑斯的字裡行間，我們能清楚看到「靈性意識」與「釋放動物本能」兩者的關聯；此處，超我的核心與解放生理壓抑之間顯然互不衝突。超我的核心反而能激起本能並使本能完整。我們樸實自然的動物天性能喚起靈性，其作用類似於身體／心靈的其他部分。

自然環境也是釋放直覺和本能的絕佳陪伴。當我們置身於其中，欣賞美景或從事溯溪、攀岩等挑戰性強的野外活動時，就能在大自然中有效建立自我信任感。

「相信自然」與「相信世間存在有神聖力量」，其實是一體兩面。此處的相信並非指我們有信心自己可以遠離危險、傷害或死亡，確保自身安全；而是相信所有迎接我們的事物皆能化為各式各樣的機會，豐富個人與其共處的經驗。如果你尊重自然，也明智地準備好面對世事無常，你將發現活力充沛的能量——存在於大自然中，也存在於你的內心。英國詩人霍普金斯（Gerard Manley Hopkins）曾將這種能量形容為「萬物深處最親愛的新鮮感」。自然裡的鮮活生命力與「人類天性或靈性力量」的本質一致，這也證實了「合而為一」（oneness）的體驗是真實存在的。

當過去的幽靈阻礙我們前進

多數人會察覺到世間的苦難有兩種——一種是無可避免的（例如自身或親友的老病死），一種是自找的。而人類通常會在無可避免的苦難之後，再附加上自找的痛苦。這個痛苦是我們為自己親手打造的。例如在一段感情結束後，有時我們會對自己說：「世上再也沒有任何人會愛上我了。」這類的自我對話無疑是虛構又迷信的「故事」，故事作者正是我們本人；從解釋現實生命衍生而來的「自創小說」，使自己硬生生被貼上恐懼的標籤。一旦這標籤植入神經生理構造，只會令我們更加緊繃、承受更多無謂壓力。身心健康長期失調的結果，就是神經官能症（neurosis）。

然而，當我們開始試著純粹體驗每一次真實感受時，清明的正念便會隨之升起，「一肩承擔」的苦難也能獲得釋放。我們的身體不僅不會再受到無謂的傷害，還能成為解開小說裡自我毀滅情節的幫手。

「熟悉」會使我們感到安全，所以我們很難從自創故事的誘惑中抽離出來。但是，在日復一日的自我練習後，我們身心會變得愈來愈健康，此時，正念將取代過去熟悉的模式與故事情節。

「她不想再跟我在一起了。」接受事實本身，毋須為自己的故事加油添醋成：「我不值得被愛，世上沒有任何人想要跟我建立長期的親密關係，我的境遇從童年開始便已註定。」加油添醋的故事其實是在訴說：「因為她傷害我，所以我決定貶抑內在來傷害自己。她是加害者，我是受害者，接著，我要認真執行這項自我迫害。」

比較一下「自我否定」和「肯定赤裸裸的現實」：

- 這是她的決定。
- 我不喜歡這項決定。
- 我必須接受這項決定，而且沒有人是錯誤的一方。
- 接下來的工作是：感受哀傷、憤怒或其他由此事件所引發的情緒。

這種方法是從認清事實著手，再慢慢進入「感受」階段。一旦自我傷害的故事情節開始在內心編織，我們處理事情的感受與判斷就會受到影響。唯有全心全意地接受現實，自我信任才有機會逐步壯大。我們拋棄「相信他人會來滿足自我需求」的念頭以後，就能學會真正的自我信任。

此外，你可能還發現上述列舉的全是平鋪直敘的事實，缺乏自我娛樂特性。該如何確保自己的親身經歷不會被內心扭曲成一齣自我娛樂用的戲呢？成年人的挑戰應該是只在「戲劇」裡尋找娛樂性，而非在「現實」裡尋找娛樂性，畢竟，我們終究必須正視、處理自己的「平鋪直敘的生命實相」。

而另外一種常見的錯誤處理方式，是將自己以「自私的冷漠」武裝起來，面對對方不可能滿足我們內心期待的事實時，我們就對自己說：「去他的！」其實這是企圖撫平那個受傷的自我，產生某種形式的「絕望」。這與健康的親密關係截然不同。一個以成熟靈性所決定的「冷靜」是指：「世上有些人喜愛我，有些人則否，而我都**給予他們同等的祝福**。」其中的差異是後者讓慈愛進入我們的生命，而前者將生命困在某個故事裡。成熟的靈性令我們能夠放心地信任自己有能力處理對方提出分手的事實，也有能力處理雙方被「編造故事」的誘惑。

真正的自信，是來自於放下對「故事」的需求，向自己許下承諾：**持續追求身心靈健康，並且永遠以正直真誠的態度行事。**這份承諾的價值，將遠高於「世上是否有人想要與我長相廝守」。

練習　擦去故事情節

「正念」是佛教徒在禪坐冥想或在日常生活中反覆練習的一種重要修持。正念指的是摒除雜念，純粹而不間斷地專注在當下。專注眼前的「呼吸之間」有助我們確實地聚精會神。正念的靈修告誡我們，要時時覺察因恐懼、欲望、分別、貪戀、比較、偏見和企圖掌控外在世界而引起的各種內心紛擾，並從中釋放自己，回歸真實的當下。

如上所述，靜坐及專注於每一次的呼吸，是為了提醒我們「活在當下」。任何包括起心動念之類的「事件」，都以它們的本質來體驗即可，不需要停駐、拒絕或加油添醋。至於衍生而來的恐懼、自責／羞辱、逃避、判斷／分別或修補／掌控事件的意念，都應該視為蒙蔽我們專注在現實目光的煙霧彈。

那麼，該如何處置這些既有思維中無謂的延伸、分散與自我娛樂的念頭，以避免思緒、感受與經驗被過度激化？以下用一個簡單的例子解釋：

☆事實：我理解自己會在某一天死亡

- 我擔憂這一天何時降臨。（加碼一：恐懼）
- 我責怪自己杞人憂天，我覺得自己應該超越擔憂。（加碼二：自責）
- 我企圖逃避上述念頭。（加碼三：逃避心理）
- 我察覺到自己無法停止擔憂，卻也無法逃避，因而我判定自己是無能的。（加碼四：主觀判定——這與恐懼、自責與逃避心理相較，是最苛刻的一種加碼，因為這個審判結果是由自己內心的法官所宣布的。一旦我們的自我判定自己錯誤時，內心便浮現接受懲罰的威脅，恐懼感再度接踵而來，因而為之前已經加碼過的恐懼又再加碼一次。）

- 我尋找改善方式，例如規劃增加運動量與維他命攝取量，以延年益壽。（加碼五：修補／掌控）

這五種加碼顯然是我們親手造就的苦難，原因是我們想要逃脫、徒勞地刺向這個單純事實的苦難——自己總有一天會死亡。真正的苦難是悲傷，而我們在不願正視它的情況下，選擇以其它籌碼（或偏差的故事）當作悲傷的緩衝。現在我們終於可以看清為何「承認註定事實」有助於身心健康了。現在我們終於與現實共存，直截了當地面對內在感受、直截了當地處理它。正念的靈修不在於逃避感受，而是提供一條使我們純粹體驗這些感受的道路，以達到活在現實與當下的境界，不致受自我慣用詮釋的影響而產生偏差。

以正念調整過後，同樣的情況會變成：

☆事實：我理解自己總有一天會死亡

- 放棄所有偏差的故事版本，專注於呼吸之間、保持平靜、敞開心裡的感受。此時，你可能會感到悲傷、對抗或逃避的渴望，但試著不要立刻拋離這些情緒，試著與之共處。這是覺察身體感知並且與情緒共處的方法。
- 一切感受皆非由自我產生，而是全然純粹的。向自己表達５Ａ：關注、接納、欣賞、情感、容許。

- 在與感受共處一段時間以後，我發現自己開始接受另一個事實：死亡是全體人類的共同宿命。
- 現在我知道人終將會死亡，但再也不會習慣性地加碼成恐懼，甚或恐懼症及執著。

正念一起，我們對死亡的悲傷將會轉化為接受，並進一步昇華成平靜——詳和之喜悅感的來源。**我們不再緊抓著什麼不放，因為我們已經鬆手**。改變——更強大的自我信任——已經發生。

我們脫離了自我加碼的陰影、自我中心的思維、偏差故事的影響與迷信。而自我防衛的消失，也使得自我的感受愈來愈敞開。我們已經由衷接受身心並非恆久不變的，也離認清死亡或任何事物的真相更加接近了。正念為自己帶來看透「無常」的遠見，因為我們仔細觀照過不停流經腦中的思緒與反應，猶如車水馬龍，川流不息。因此，執念的相反是正念。

在正念之中，我們不再全然認同對恐懼和欲望的情節，以及所有使人生之旅更複雜的雜質。於是我們能夠「理解」生命中所發生的事，而不是去「抗拒」它。修持正念，使我們能夠水到渠成地豐收這些甜美的果實：

- 當我們活在沒有抱怨或責怪的現實之中，我們已經接受了當下──這有助於我們信任現實。
- 當我們身旁不再有編造的故事與自我束縛的思維框架，而僅僅是與事實共存時，此時此刻即是清淨的覺察。因為思維框架製造出的情緒負擔消失，我們終於可以掙脫「神經質自我」（jittery ego）的枷鎖、充分信任自己，並充分重新定位內在的力量。如愛默生形容的：「當殘缺的神性離去，圓滿的就來了。」
- 當我們喚醒了內在覺悟的本性，我們自身便成為流通著普世而無條件的愛、智慧結晶與療癒泉源的渠道。這引導我們信任完整而永久的自己。

按照以上以正念為本的描述方式，紀錄屬於你自己的人生日誌。在每一頁的開頭，寫下你已認可並嘗試奮力掙扎過的事實。

試問自己：你習慣的特定加碼項目是什麼？（恐懼、自責、逃避或分別判斷等）

在列下每項加碼項目之後，重新回顧頁面開頭寫下的事實，運用正念，於純粹的經驗之中，將自己完全敞開。

覺察將編造的故事完全抽離之後，自己的感受與真正的議題為何。

覺察自我練習後的你，感到多麼自由。

這些練習能幫助我們以較為友善的態度，面對自己與真實的感受。這賦予我們的內在力量，遠大於從「自我」本身獲得的獎賞。只要願意充分把握相信自我和旁人的機會，你將發現，旁人待你時，也會變得更加真誠可靠且值得信賴。

第5章 信任的失落與復得

欲臻於偉大的解放，就必須有如此邪惡而痛苦的事物發生。

——尼采，《超越善惡》（*Beyond Good and Evil*）

但丁將猶大和布魯圖斯（Brutus）一起安置在地獄底層，彰顯出最深的罪就是背叛。當我們被那些自己極度信任的人背叛時，傷痛至深，而要克服「信任的失去」，比克服悲傷本身還要困難。失去信任令人感到震驚、孤獨、失去方向，這項人生課題的挑戰是重建對於自我、他人以及人性的全面希望。首先，我們必須在熟悉的環境中重新穩住陣腳——這絕非易事。想要重拾被擊碎的信任，同樣需要個人反覆練習的部分，因為我們被迫再次回顧過去發生的類似傷痛，對此，我們必須給予自己充分哀悼的機會，同時也得確保自己能對最近發生的背叛釋放悲傷的情緒。

為什麼我們會感到遭人背叛呢？當某人對我們不忠、欺騙、攻擊、單方面行動、表示惡意、謠言中傷、在未告知的情況下做出影響雙方的重大決定、利用我們的弱點、逃避我們的感受、故意打擊我們的信心、在我們需要時不願伸出援手、在我們面對危機時拒絕陪伴、在我們身處困境時不願前來關心、彼此發生衝突時拒絕共同提出、處理、解決問題時，信任感就會被破壞。

相信我們的同伴的確存在著風險——因為我們清楚了解人類的侵略性是沒有上限的。其他物種發生打鬥時，只要對手示弱投降，另一方便會停手，這是動物本能，用以確保物種的整體生命能夠延續。然而人類不同，我們可能會選擇繼續攻擊；人類必須接受教育，才能學會住手。因此就物種的生命而言，建立個人的誠信與正直，有助於提升人類整體的生存率。每一個人都必須學習控制內在的攻擊天性，恪守「非暴力的愛」——這也可強化我們對內在覺悟潛能的信念，無論對他人或是對自己。

當我們能在一段友誼或人際關係中自在、安心地表達真實的自己時，信任便得以滋長；反之，當我們表達感受、卻受到拒絕甚或懲罰時，信任將出現裂痕。那麼，哪一個朋友或是伴侶願意傾聽我們憤怒、悲傷和恐懼的情緒表達呢？人與人之間敞開心胸的狀況有兩種；有些朋友會在我們分享自己對他人（第三方）的感受時，顯示出樂意傾聽的態度，例如那些願意在我們抱怨配偶時陪伴我們的朋友，但這並不代表對方同樣樂意傾聽我們對他們本身的感受。在我們的感受與他們有關時，他們可能立刻從原先開放的姿態轉為暴躁而具備防禦性，如果我們進一步提醒對方、想要給予建議時，或許會導致反效果，使他們更不願意面對溝通問題。有時我們在事過境遷後嘗試再一次溝通，卻仍可能吃閉門羹。

萬一上述情境上演，我們的態度不應是拒他於千里之外，而是承認事實即可——這個事實是：這位朋友有時會抗拒旁人給予建議。他不如我們想像的開放，但別忘了這本來就是我們的「想像」，而我們可以適度調整自己關於對方的認知，使之較為接近現實。當然我們的信任程度或許也會隨之降低和改變，將彼此的談話模式切換至「閒聊」或是減少相處時間。這是正念的實踐及慈愛的回應方式——正念是指單純「接受」對方「原本的樣貌」，不加以批評或責怪；而慈愛是指抱持著非拒絕、非報復的心態，依舊付出我們的友誼。

在這種時刻，我們毋須降低信任感，將之視為一隻熊的死亡般無可挽回，這隻熊不過在冬眠罷了——等到合適的季節來臨，熊會再度甦醒。同理，對於那些我們選擇暫時減低信任的對象，當他們道歉或願意彌補裂痕時，信任即可甦醒。接著，在我們處理悲傷與調整心態的同時，一段穩定長久的信任關係將可逐步重建。

另外還有一種情況，朋友會因為自己成功脫離上癮、罪惡或強迫心理造成對自身或他人的傷害，而在康復或找到人生信仰之後，期待旁人立刻相信他們的經歷：「我已成為全新的人，毫無陰影、全然正面。過去我雖不可靠，但現在我變得完全值得信賴。」然而，這是個無理的要求，也是改變信仰（相似於佛教用語「皈依」）時常見的錯覺。無論是康復、轉變或建立信仰，都必須持續不斷地面對且承認自己的黑暗面，因為黑暗面永遠是人性的一部分、是我們的一部分。**即使我們將自己的外在、感受、所作所為改造得再好，陰影依舊存在**。真誠的轉變來自於清楚覺察潛意識的掠奪力量，每當負面的自己生起時，要自我提醒，這需要日復一日地「耕耘」，不是「重生」可以瞬間抵消的。

斷訊手段：冷戰

一段相互交流的關係，必定以雙方之間的信任為基礎。在成年階段的親密關係中，某一方驟然沉默不語或消失不見，勢必會損害另一方的信任能力。因為這違背了前述的共同「提出、解決、處理問題」的原則，而「獨斷的決策」是直接向另一半發出缺乏信任的訊號。

試想以下兩種情況：第一種，另一半莫名地拒絕我們，留給我們「自己到底做錯什麼」等一堆疑惑便拂袖而去。第二種，另一半直接告訴我們關係難以繼續及其理由，並且願意與我們再嘗試看看如何改善現狀，或是在兩人關係走到盡頭時，願意陪伴我們處理分手的情緒。

在第一種情況下，我們的痛苦是因為信任和內心深層最纖細的部分被傷害而引發，因此遭人背叛的哀傷將格外濃稠，甚至會令我們聯想起過去的類似經驗與傷口——這類型的傷痛若要癒合，需要花費相當長的時間。而第二種情況卻截然不同，另一半願意提出問題、展現真誠，而這意味著他／她尊重並願意一起承擔我們的情緒反應。他／她沒有選擇棄船而去，而是選擇在我們找到下一個港灣之前陪伴在我們身邊。

世上沒有任何一個人可以保證，能為我們帶來一段生死不渝、終身廝守的感情，因為變動性本就是人類情感的特性之一。然而，一位正直真誠的成年人卻可以向對方承諾：「或許我不能保證一輩子都不會離開，但你可以相信我，至少我不會逃跑。」依循上述原則，每個人都能成為社會中值得信任的一員。

習於單方面切斷交流的個體，多半屬於自我中心特質強烈的人，同時也是「應得特權」（認為自己應該得到特殊對待）的擁護者。在親密關係中，他們通常侵略性較強、報復心較重，這是一種無理取鬧的憤怒表達方式。在親密關係建立之初，某一方如果突然疏離，多半起因於內心的恐懼——自我的第一徵兆。以下，我以一個故事來說明單方決定冷戰（silent treatment）所造成的傷害。

貝瑞與梅德林是一對剛開始交往的戀人，貝瑞的心中漸漸對新關係之中的「親密」感到退卻，他選擇在未告知梅德林原因的狀況下，突然斷絕彼此之間所有的聯繫。梅德林一頭霧水，她打電話、寄電子郵件給貝瑞，卻完全沒有回音。她開始懷疑自己是不是犯了什麼錯使貝瑞生氣，接著梅德林感到憤怒，並出現想要狠狠挖苦貝瑞的念頭。其實，這個階段的梅德林，最聰明的處理方式就是終止聯繫貝瑞。因為首先，梅德林無法確定貝瑞究竟發生什麼事，他有可能正在醫院昏迷不醒（雖然這個機率極低，因為通常「壞事傳千里」）。其次，這時的她勢必會忍不住說出一些難聽的話（可能會令她本人日後後悔的話），因此較佳的態度仍是慈愛以待。

梅德林不妨等到冷靜下來之後，再寄電子郵件給貝瑞，告訴他：「最近完全沒有你的消息，希望你一切安好。」梅德林不必說：「希望我們一切安好。」因為此時「我們」已不存在了。當然貝瑞清楚他的行為會傷害到梅德林，但他依舊採取「斷訊」的方式——代表他認為自我保護的重要性，凌駕於梅德林的感受。這次的經驗讓梅德林得到一個有關兩性關係的重大資訊：貝瑞不適合她，因為貝瑞對進入一段健康的親密關係尚未準備充分；他必須先成功處理自己的自我問題，才適合投入更深的感情。當梅德林到了這個階段——探究和釐清親密關係的過程——時，她將舒坦許多，因為她得以更加認識自己一度視為伴侶候選人的男性。

無論如何，當你遇到單方決定冷戰的交往對象時，必定要三思，因為這是對方不值得信賴的明確跡象。而故事中的梅德林，最好的下一步是「維持自尊」，不必再質問或懇求對方，讓事情自然發展。假設貝瑞之後聯絡她並企望重新啟動彼此的關係，他有義務向梅德林解釋完整的前因後果，包括他明知梅德林會因為他的失蹤而傷痛，卻仍不做任何回應的理由何在；貝瑞還必須進一步保證，日後他將永遠不再對梅德林使出斷訊手段。雙方的信任累積到某個程度時，我們可以開誠佈公地告訴彼此：「我從今以後絕不冷戰、搞失蹤，也絕不報復你。」我們也可以履行以上的承諾。

當然，故事中的梅德林或許可以採取更簡單的解決方式——跟貝瑞分手。她其實並不需要在「高風險的」貝瑞身上挹注更多賭注。她可以在試圖聯繫貝瑞時自由表達她的想法，因為後果如何對她而言並不具備任何意義。梅德林堅守著自己的界線，鞏固了自己的信心——這比找到一個男人更具價值。

再來，我以另一個故事來解釋交往早期的冷戰行為。想像一下，你與一位新交往的對象共度了一個美妙的夜晚，她在臨別時答應你將很快與你聯絡，但她從此斷了音訊。你可能會揣測她是否對你們之間的關係有所遲疑或臨時感到退卻。這種心理產生的解釋是，為了保護自己免於受到傷害。如果你進一步添加其他劇情：「她因為找到比我更好的對象，發現我一無可取或是看穿了我的缺點。」諸如此類的想像不過是在打擊自尊罷了。事實是她不想與你有後續發展，僅此而已。這是她的權利，而她選擇的方式是不告而別——雖然不甚禮貌，但現實就是如此。

面對冷戰，我們的反應可能有三種：試圖聯繫、憤怒，或者絕望。有些人會不顧一切地聯絡對方，但這已經侵入了對方的個人界線了。因為對方以斷訊的方式明確表達了自己的拒絕之意——他／她不歡迎你進一步與之接觸。這樣的行為同時也是在放任自己反覆地受到傷害。

有時，憤怒會轉變為痛苦，甚至抑鬱。當我們出現抑鬱症狀時，周遭所有事物都變得**無法依靠**，因此自身的信任能力將大幅削弱。這是我們「親手製造出來的」痛苦，同時也是一種否定現實（與此人的關係沒有前景）的態度；至於是否願意進入「哀悼或放棄怪罪」的階段，完全視個人選擇。這個苦難的開端，可能是因為本身脆弱的特質，因此不妨先承認並擁抱自己的脆弱。

「冷戰」與「暫停」意義不同。處於暫停狀態時，我們的沉默不代表侵略性的拒絕或逃避，而僅是為了理解、充分感受經驗，以及醞釀某些想法所需的正常暫停時間。暫停時，我們可以對另一半說：「給我一點時間獨處。」而一旦我們清楚明瞭自己的情緒與需求後，溝通管道旋即恢復。暫停的沉默，目的在於釐清而非懲罰。

一位信仰佛教的作家史蒂芬·巴特非爾（Stephen T. Butterfield）曾寫過一段文字，

正面地討論背叛：「既然世間不存在全然安全穩固的關係，這就代表了在包括背叛在內的所有可能後果中，真正派得上用場的，是相信自己的內在能力；而這些看似負面的後果，其實是幫助我們『醒悟』的歷程。」因此，靈性自覺的人能夠視背叛為一門生命課程，「某個人從我們身旁逃走」是生命實相，也是無常對我們的又一次叮嚀。

審慎地從經驗中汲取智慧，否則我們就像一隻不小心坐到熱爐蓋上的貓，牠從此不會再坐在熱爐蓋上了——雖是好事一樁，但牠也從此不會坐在冷爐蓋上了。

——馬克・吐溫，《赤道漫遊記之傻瓜威爾遜新日曆》(*Pudd'nhead Wilson's New Calendar*)

我們說出口、聽見或沒聽見的謊言

在美國喜劇影集「一家子」(All in the Family)中，亞奇・邦克老是對妻子伊迪絲感到失望，因為她不願為「多生點財」而說謊。亞奇告誡妻子：「家庭成員應是利益共同體。」

伊迪絲則總是以她特有的天真無邪卻富有深意的方式答道：「哦，亞奇！我也同意家庭成員應是利益共同體。但如果我對人說謊，以後你又怎麼還能繼續相信我呢？這樣一來，共同體不就無法存在了？」

「亞奇」和「伊迪絲」剛好反映出每一個人的兩種面向。在內心深處，我們都相信說謊是錯誤的，它破壞了人與人之間互信的連結；但人性的需求、恐懼及貪婪卻同時使我們說服自己：謊言的定義可以自由心證。

說謊的原因有很多，通常是為了：

- 得到我們想要的
- 保守秘密
- 隱匿真相
- 保護自己的身體、財產、地盤等，或是避免尷尬、維護形象
- 避免他人進一步詢問
- 正當化自己的行為
- 逃避責任
- 避免衝突（或解決衝突）
- 維持現狀
- 膨脹自我
- 隱藏感受
- 操縱他人

- 愚弄他人
- 報復曾經欺騙我們的人

留意到了嗎？上述的目的，其實都源於恐懼。恐懼阻止我們面對下一刻，恐懼驅使我們在編織的謊言之中尋求庇護。謊言背後的原因是：我們無法信任真實的力量，因此只能活在自己創造的故事版本裡。而歷史上最佳反例的實踐者，便是甘地。

發現謊言與恐懼的關聯之後，我們就能離信任的理解更近一步。我們理解到為何**信任和真實必須同時共存**。信任的要件之一，是承諾「自己願意真誠地與人溝通」。雖然溝通時可能會含有一點謊言的成分，但「真實的交流」絕對不會；因為在具備信任感的人際關係裡，我們能夠安心地交流和分享事實。在一段真誠的親密關係中，信任及誠實是不可或缺的。

說出與自己或自己的行為相關的謊言，削弱了信任的力量；反之，真誠則是穩定信任的基礎。信任意味著我們對對方無所畏懼。如果我們依然相信謊言帶來安全感，那麼我們甚至還未踏入信任的範圍之內。

就生物學的角度而言，「坦然地展現自我」是人類的內建特質。我們的臉部肌肉常不自覺地表達出情緒或感受的每一個細節。因此在隱匿真相的同時，我們還必須刻意掩飾自然的表情以及包括臉部在內的整個身體，以免它們迫不及待地「說出真相」。

此外，「誠實」與「自我揭露」是兩回事。一個值得信賴的人會維持一貫的誠實作風，卻未必要向身旁的每個人完全地顯露自己。你當然可以選擇將某些隱私保留在個人界線內。現實生活中，畫出個人界線往往是必要的，這個概念類似於不泄露重大商業機密。身為一個明智的成人，我們可以付出無條件的真誠與有限度的揭露；我們毋須說謊，但我們必須選擇「可以示人的部分」為何。

舉例而言，給予他人誠實的忠告時，必須輔以同理之心，如此一來才符合慈愛的本意。我們應先判斷對方接受真相的程度，再盡可能善意地決定揭露內容是多是少。在輕重的斟酌之中，你的內心可能會產生些許矛盾。但簡單來說，原則就是兼顧真誠與善意，而這並非「是非善惡間的拉扯」，而是「一善與另一善的衡量」。只要反覆練習慈愛的實踐，你自然會看清一條可通行的路。

回到電影「詭計」的劇情，某些人的確會對自己的過去（包括所作所為或交往對象）向伴侶編織謊言；而另一些人則習於向伴侶隱藏情緒——有時是負面情緒，有時是正面情緒。前者可能已經對這段感情缺少激情了，正在勾勒一個即將分手的明天；後者可能不願告訴另一半，他對自己的意義有多重大。有些人喜歡對另一半許下山盟海誓，但這個諾言卻違背他們的內在本意；他們宣誓忠誠之餘，會在遇到更好的對象時暗自違背諾言，認為這是自己應有的權利——所謂的忠誠完全取決於他們身邊的選項罷了。

堅守秘密代表一個想法：「我」的重要性凌駕於「我們」之上。堅守秘密的人甚至會覺得這是合理的做法，因為他們認為自己有必要保護自身的自由，而這是應得的權利。對他們來說，真誠對待另一半是其次，他們自身的需求才是優先。真正的真誠將進展為穩定的成熟人格，因此不易善變；這類特質的人即使遇到更好的對象，也願意放棄曖昧或及時行樂的機會。因為他已理解恆久的承諾價值非凡，為此割捨自我享受也在所不惜。這是忠誠的真正意義。

除非他本人說溜了嘴或不小心泄露什麼相關線索，否則要得知一個人是否習於說謊，相當困難。然而，總有一些人是我們能夠毫無猶疑地付出信任的。反之，也有一些人令我們略有遲疑，儘管那是出於直覺，缺乏具體事證。如果你感到遲疑的人是你的另一半，這勢必會成為健康親密關係的阻礙。心有疑慮的一方在提出問題之後，必須有效地處理、解決，疑慮才能完全平息。隨時審視我們內心的疑慮並且表達出來是非常重要的，此時對方的回應即可作為判斷的依據，尤其是當對方表現出防衛反應、暴怒或敏感時。順便提醒各位，擁有面不改色、貌似誠懇的說謊能力，絕不是一種天賦，而是悲慘的人格缺陷。一個謊言遭到揭穿還能不覺羞愧（此處是指健康的羞愧表現）的人，顯然不值得信任。

「僅此一次」的謊言非常罕見，欺騙人的慣犯通常會對各式各樣的事實編織謊言。有些人由於害怕他人看穿真相，說謊已成了反射動作。例如，毒品成癮者之所以反覆說謊，是在避免旁人發現他的癮頭。因此，「一貫真誠待人的態度」是我們可以放心信賴某人的最佳指標。在初識某人時，較為全面地觀察他與其他人的相處準則，有助我們判斷對方值得信任與否。一旦發現交往對象在面對其他人時會欺騙、說謊、剽竊，此人可能也會對我們做出同樣的事情。而如果發現你身邊的對象對任何人都謹守真誠和慈愛的原則，我們便可信任此人在親密關係中對我們的態度也會相去不遠。

人類已經愈來愈精通於隱藏自我了。有個男孩與他從幼稚園到高中最要好的朋友，在每天一起上學的途中也不會分享昨晚或今晨母親家暴他的事，即使他對此事的記憶那麼深刻。他甚至不會與自己同被家暴的弟弟討論此事。他可以選擇訴說傷痛、尋求安慰，但多數的男孩都與他一樣壓抑，因為他們不希望友人看到他的脆弱之處，而不願向同性同儕開口或以 5A 的模式交流情誼。男性在成長初期，便學會以恐懼替代「要求他人支援」的權利。

男孩子格外擅長隱藏自己被施虐的事實，因為多數男性不希望旁人將他視為受害者——這與社會中塑造男性應具備的「男人形象」不符。因此，男性為了維持門面，掩飾住痛楚與暴力的痕跡。然而，可悲又諷刺的是，這樣的行為恰好是受害者的典型特徵。

上述例子裡的男孩其實不算欺騙朋友，他只是選擇不自我揭露，以維護「母親」與「自己」的形象：一個是加害者，一個則是令自己感到羞愧的受害者。就某種層面來看，他只是自欺而已。向他說謊的人是「社會整體」——社會教育他男性不該當受害者，只准當英雄；不該提出自己的需求，只准貢獻解決方案。改變這種習慣的唯一途徑，就是開始承認自己的傷口、尋求旁人協助，並且釋放童年經歷帶來的哀痛。

如果我們難以真誠示人、待人的習慣是為了維持自我中心的各種目的，並且是從成年階段的人際關係中養成的，那麼我們的課題就不是釋放哀痛，而是透過信守「真誠」，使其成為生命中一貫的態度。單獨仰賴心理學或心理治療的方法可能無法直接引領你到此境界，你需要安排自我的靈性課程。當靈性意識開發，你將不再以包裝過後的形象示人，而是展露自己原本的面貌——儘管尷尬羞愧，仍願意說出實話；儘管必須表現出自己脆弱的一面，仍願意表達內心的感受並且維護需求。依循真誠的原則行事，我們將能更加地信任自己，而不再受困於自我保護的預設模式中。當你再也不需要保護任何事物時，謊言就會自然而然地屈服於坦誠的自己。正如歌手珍尼斯．喬普林（Janis Joplin）的歌詞：「自由不過是再也沒有什麼可以失去了的換句話說。」

有時，我們說謊的對象是自己：我們可能會否認自己需要他人的幫助、內心真實的需求、成癮、對於所愛對象的程度，甚至是愛是否真的存在；而自欺通常會以一種較為微妙的方式呈現。自欺的謊言同樣源於內在恐懼。我們對那些自己無法誠實面對的部分心存恐懼，而孤獨是「自欺」滋長的溫床。因此，我們必須向自己及「身旁值得信賴的人」坦誠自己真實的面貌（包括缺點在內），才能終結自欺欺人，離開孤獨的環境或心理氛圍。建立忠誠的人際系統，可以降低「貫徹誠實」的困難度。

其實欺人與自欺是一體兩面，在此時，「獲得心中渴求的」已經超越「貫徹誠實」的重要性了。在無形中，我們的內心對自己的評價會下降，因為我們清楚知道自己成為一個騙子——這勢必有損自尊心。說謊使我們欺騙自己的內心、失去對自我的尊重。

非常耐人尋味的是，多數關於宗教起源的故事中，都會有一位欺騙人的角色登場，並藉此作為教誨。在猶太教中，雅各（雅各伯）偽裝成哥哥以掃（厄撒烏），以竊取原本應由哥哥繼承的產業。在基督宗教中，彼得（伯多祿）三次佯稱自己不認識耶穌。在佛教中，佛陀的父親為了避免兒子看見真實世界的老、病、苦，而向佛陀欺瞞。此外，印度教故事中的某個版本提及，克里希納（Shri Krishna）對每一位看牛的女牧人（goatherdesses）都說：「妳是我的唯一。」並輪流與她們發生性行為。

這四個謊言的成因皆是恐懼及企圖保護什麼的欲望。雅各害怕自己錯過了繼承權，同時希望自己的後代興旺繁盛；彼得害怕自己被捕，他在保護自己的性命；佛陀的父親擔憂兒子會因面對生命的真相感到哀傷，而選擇以謊言保護他；克里希納則害怕自己錯失與每一位女性產生親密關係的機會，並為了維持自己在她們面前的忠誠形象而說謊。

每一個故事都以謊言為教誨世人的工具，幫助我們看透超然的真理。雅各的謊言彰顯了不道德的行為會導致離奇的命運；彼得的謊言則展示了恐懼與懺悔的力量；佛陀在發現現實的苦難後覺悟，並教育我們如何通往自由與解脫；克里希納的伎倆說明了相信自己擁有應得特權是何等愚蠢。

接下來，我們眼前的挑戰是：學習接受真相的原來面貌。歷史上偉大的典範就是印度聖雄甘地，他信任真理的力量，並且願意用生命實踐它。甘地自始至終堅持以非暴力的方式表達對英國政府的抗議；他的信念堅定熾熱，而他的行動專注，未曾偏離過自身靈修的原則。甘地粉碎了傳統思維、自我中心式的期望以及自我恐懼。其實。我們每一個人都像聖雄甘地般，原本就有一股純粹託付真理的潛力，而我們朝著眼前繼續邁進的步伐，力量便是來自於「拒絕謊言」和「自我信任」。

雙面生活

有些人較適合於穩定而專一的關係，總是與家庭和家園緊密結合；他們喜歡大部分的時間有伴侶和家人的陪伴，擁有一個共同的家並當個家庭主婦／夫。有些人雖然享受兩人關係卻也不喜歡被綁死，他們喜歡到處留情，抑或在他處另有伴侶，抑或多處周旋徘徊，抑或有其他誘惑足以讓他們沉迷許久。這些人也許不需要特定的對象，但他們還是很需要有個可以隨時願意擁抱他們的對象。

其實只要彼此雙方都能接受，以上任何形式都是行得通的，只要雙方都願意對對方坦然自己而無所隱瞞。其中一人也許會說：「我想要安定下來，和你結婚、生活在一起，並會對你忠誠。」另一人也許會說：「我希望能沒有羈絆地來去自如，保持未婚及開放式交往關係，但仍和你維持家人般的緊密聯繫。」其實，一個能認清現狀的成年人無論如何選擇，只要雙方保有互信並願意用心經營以維持順暢的關係，都能行得通。

但是，問題往往發生在這個人一方面期盼安定下來，另一方面卻暗中拈花惹草；這是另一種形式的單方決定，也是違背信任的說謊行為。就算家中的伴侶從未心生懷疑，但這是錯誤的信任。又或許她會一直活在懷疑當中，並陷在不斷尋找蛛絲馬跡並永遠無法確信對方究竟如何盤算的過程裡頭。上述任何一種情形不僅無法實現信任，更無親密的關係可言。

一段值得承諾信任的關係，其要素是要能遵守約定——一個過著雙面生活的伴侶是絕對無法達成的。「秘密生活」是指一個人平行地同時擁有另一段關係、上癮症或另一套行為模式，而且只有他自己知道。這可能是以出軌行為、擁有一個或多個在其他城市的伴侶或家庭的模式發生，也可能表現出性成癮的行為，例如過度閱讀色情刊物、經常出入脫衣酒吧、嫖妓等。它也可能涉及另一種生活模式，例如有別於大眾對他所認知的性別取向。此外，成癮的對象還可能是賭博、酒精或藥物。

雙面生活可能導致出乎意料的後果。通常進行秘密關係的人會竭盡所能地不讓伴侶或家人發現，但最後其生活方式反而更易引起注意。這是人生上演的反諷喜劇情節：為了使自己的作為不被審視，卻往往使自己更受矚目。

過著雙面生活的人，通常不認為自己的所作所為背叛了另一半對他們的信任。他們相信（或者自我合理化地認為）自己有著伴侶無法完全明瞭且不需要完全滿足的需求；他們的藉口是他們找到了能不傷害檯面上親密關係的自我滿足方式。或許他們是不希望揭露實情以後，會危害到安穩的家庭生活；也或許他們是羞於或恐懼於被人知道自己的需求。有時他們還相信自己「只是在試驗」，以正當化自己的行為。

偷偷摸摸的行為是雙面生活的樣態之一，因為他們會故意誤導伴侶。而真實動機其實就是要掩飾，而不是如他們自己想像的：利用秘密來合法維護自我的核心。因此，故意欺騙伴侶的秘密生活等同於缺乏誠信。他們想創造一種雙方維持連結的形象，但事實顯然不然。

某些人甚至會享受欺騙帶來的成就感，因為這表示他們成功地愚弄了他人。然而，從僥倖蒙蔽他人之中獲得權力感與滿足感，是種幼稚的表現。一個成熟成年人的快樂或權力不會來自欺騙或假裝獲得，而是來自分享交流、主動接近與認定。

被欺騙的另一半堪稱活在真正的黑暗之中。或許他們察覺到事有蹊蹺，卻選擇不去追究。又或許他們是害怕知道實情或者純粹沒有興趣知道，認為只要雙方的關係尚能滿足最低限度的需求或沒有暴力相向即可。

有些人的雙面生活未必是秘密進行的。他們會坦然告知伴侶有關自己的出軌行為，而伴侶便能決定該如何因應。有時對方會認為這代表兩人關係破局；有時對方同意，但不想得知細節；而時對方會採取同樣的外遇行為並開始同樣的雙面生活。還有一種正面的可能性是：**開啟一段真誠的對話**，討論雙面生活是否必要，而最後可能演變成一種啟發，並讓雙方滿意地發現，自己根本不需要雙面生活！每對夫妻的模式是由他們自己決定，但若要達到各層面的全然信任，就必須在每一階段都保持真誠。

不為人知的生活一定有其獨特的刺激感，因此會使人感到正在享受飆升的腎上腺素。古希臘詩人品達（Pindar）曾寫道：「秘密能為一切活動增添情趣。」雙面生活中偷偷摸摸的刺激感，在正常關係中難以獲得。一個心智成熟的成年人不會否認這股致命的吸引力，但卻不會因此受到誘惑。

練習　放下偏執

或許你的本性戀家而安於室，卻不巧愛上某個樂於當彼得潘的對象。漸漸地，你會執著在一個「讓他安定下來」的念頭中，並好奇他的行蹤，甚至因為他無法滿足我們的希望而感到不快樂。同樣的模式可能出現於任何一種關係之中，只要是其中一人想要的比對方能給的更多。

如果我們開始沉迷於我們的彼得潘，我們便賦予了他凌駕我們的力量，允許他主宰我們的快樂。銅板有二面，每個人手中的人生亦是如此：一面是彼得潘對我們很重要，另一面是我們賦予他的力量。一面超出我們的控制，另一面則不然。要抹滅、甚至減少我們對某個人的感情，能施力之處其實相當有限，但是我們可以拒絕他對我們的掌控。

當你對伴侶（或未來伴侶）產生迷戀或偏執之情時，試著降低此人在你心中的影響力——實際表現出來，而非只是假裝。善用放下自我的「**FACE**練習法」（**Fear-Attachment-Control-Entitlement**），表現得像是對方不再是你生命的全部：

恐懼（**Fear**）：問自己害怕的究竟是什麼，在確認自己恐懼的來源以後，無論對方做了什麼，都以慈愛的態度回應。堅持「履行慈愛」的一貫原則（在此處，慈愛的練習毋須提及對方的名字，使用概稱即可，例如：願「我的朋友」幸福）。

依附（**Attachment**）：告訴自己：「我正以不健康的方式依附對方，我要放手，並且捨棄讓對方成為我心中理想形象的一切手段。」

控制（**Control**）：「不管我以何種手段控制對方，使他／她更想與我在一起，我都必須允許他／她保有原本的樣貌，絕不得寸進尺。放棄要他／她為我而改變的妄想，將焦點移轉到如何善待對方、自己與周遭所有的人。改以健康的經營來維持個人界線。」

應得特權（**Entitlement**）：每個人都有權追求幸福，但是這份幸福不應出自對他人的要求。我們無權向他人索討幸福，我們應轉為持續地自我反省，並試問自己：「如何在不指望對方給予自己什麼的情況之下維繫這段感情？」

當我們說出謊言

對他人忠誠的能力在青春期開始展現，對象可能是我們的朋友或情人；然而，某些人欠缺這樣的能力。忠誠度與你所遇到的境遇密切相關，有些人在感情裡表現忠誠，只是因為他們沒有在身邊遇上更有魅力的對象。

一段感情剛展開時，對方彷彿席捲了我們整個世界，心中的悸動也因他／她而起。然而，這一切其實可能出於我們自己的心理投射，內在的我們已編織了兩人美妙圓滿的未來。這類型的投射隱含著對現實人生——萬事無常——的否認。投射是我們對於某件事的意義、某個人的性格樣貌或對方將給予自己什麼、給予的時間會維持多久等，一廂情願的想法。

這類型的投射效果非常強大，原因如下：首先，我們的身體會分泌腎上腺素（成癮的必需物）來提供投射的「生理補給」；其次是因為人類天性的心理需求所致。舉例來說，我們希望配偶能接受我們原本的自己，但他／她卻常批評我們。所以，當我們遇到一個無條件接受我們、愛我們的一切（包括缺點在內）的人時，我們很可能就會將「理想情人」的形象投射到對方身上，對方也因此贏得我們的心或被我們視為靈魂伴侶。這其中，某部分的投射或許基於現實，我們深層的需求真的因對方而實現；但某部分的投射則是出於自己長久以來渴望被人接受，盼望這個渴求終能獲得滿足和化解。

一旦腎上腺素與心理投射啟動，我們就容易陷入一場戲劇化的自設騙局。因為悸動與渴望的驅動力遠遠大過配偶的力量，無論你的配偶有多完美，他／她就是無法與「新歡」爭寵。對現在的你而言，熟悉的配偶或人生伴侶可以讓生活安穩就緒，卻難以喚起特別的「化學交流」，這是因為外遇的人——

- 感到自己是被需要、被渴望而有價值的，又因為這些感受而產生極度的滿足感——儘管從客觀角度而言，那其實是一種非常平凡的經驗。
- 認為自己能為自己的人生作決定、重拾自由意識的自我，而不是當個履行義務的雙親之一、家庭經營的夥伴或家庭成員的看護人。
- 沒有需要證明的事；總是符合期待；不需要以特定方式行事；不受年齡或身形的評斷。
- 在家中覺得更放鬆，因為他能以較多的耐心面對伴侶。同時當他以「雙重生活」或「欺瞞」的方式對待伴侶時，就更能輕易做到「表面上善待伴侶，內心卻對對方感到憤怒或冷漠」。
- 發覺與情人幽會時，時間彷彿靜止一般，因而體會到一股超然的氛圍。
- 因特別濃烈的感受而著迷，因秘密的性歡愉而更加熾熱。
- 更被允許嘗試嶄新而形式不拘的快感，例如毒品之類在家中可能不為伴侶所接受的方式。

- 在暗中幽會時，體驗到腎上腺素飆升的亢奮與焦慮並存。
- 感到外遇對象給予自己親密依附的悸動，滿足自己長期缺乏的需求。

從上述最後一項中，我們發現成癮性連結的最根本動機為「融合經驗」（merger experience）。人類尋覓融合經驗的源頭，可追溯至嬰兒時期與母親一體的共生依附，其中代表的是完全的安全感。終其一生，人類渴望接近神秘一體的那片海洋，因為天性驅動著我們往超然的方向前進。對失去這份融合的恐懼，可能反而導致我們的佔有欲。在愛情中，這樣的佔有非常明顯；而超然和佔有的欲望一旦結合，就等於成癮——無論以何種形式呈現。

然而最為諷刺的是，我們竟然想從短暫歡愉的癮頭裡，企求永久的超然——猶如緣木求魚。這就是為什麼要從任何成癮行為中戒斷時，最終都需要與「高於人類的力量」連結的原因。因為這種連結關係，能健康地替代我們用藥物或酒精獲取的融合經驗。現在，我們可以理解什麼是深刻而非膚淺的、什麼是長久而非短暫的、什麼是成熟而非幼稚的。

另外，關於「焦慮被人發現」這項，外遇的情感有時會因種種懸而未決的討論而滋長：「下次在何時何地碰面才安全？」、「我們會被逮到嗎？」、「將來有機會永遠在一起嗎？」健康的成年人若要體會懸而未決的刺激感，會去小說或電影裡尋找，而非透過外遇。在成熟的親密關係中，5 A 所建構的安全感，是為彼此提供寧靜可靠的氛圍。

成人的挑戰在於持續地追隨喜樂，並追隨、探索內在的願望、感受，以及自己的行為表現。然而於此同時，我們必須認可、尊重與伴侶之間的承諾。當出軌行為發生而我們開始探索出軌的意義時，我們就能獲得關於自己「內在匱乏」的訊息，而此匱乏不應從新歡帶來戲劇性的情感中滿足。我們可以選擇繼續對伴侶忠誠，並與對方共同處理內在匱乏的問題，接著再一起或單獨決定關係是否繼續，並依此採取相應的行動。如果雙方決定將外遇問題置於關係之中（而非關係之外）處理，那麼外遇的一方就應結束出軌關係。如果選擇結束婚姻，則唯有自己對原本的配偶關係妥善處理並且完全結束以後，我們才有資格進入下一段感情。上述討論與「開放式伴侶關係」的意義不同，開放式伴侶關係指的是在雙方交往前，即同意彼此並非對方「唯一的」伴侶。

在我們從「腎上腺素飆升的需求」轉化為「真誠的需求」後，我們將變得更有智慧，不管「真誠」最後的決定是重建關係或和平分手。身體會再次確認清醒的選擇，也會使我們體會到戒斷過渡期已漸漸遠去，就像拋棄含有黑咖啡、甜甜圈外加幾根煙的慣用早餐，改成健康燕麥早餐一般。

隨著「清醒的選擇」而來的滿足感並非灼熱而沉重的，而且我們再也不需要那份成癮的渴望了。眼前，你會發現自己需要的不再是緊張焦慮的能量，而是心滿意足的能量。「唐璜的原型」終於向「堅定的承諾」伏首稱臣：其他比配偶更美麗或令我們感受更好的女人出現在我們視線範圍，只是大腦接收到的一個訊息，而不是令我們離家出走的動機。這些美好的人僅供娛樂，毋須沉迷。

然而，有時背叛的一方會藉著「自欺與正當化」，不斷繼續自己不忠的行為。這些人會在事情曝光以後才顯露出懊悔之意。他們會說被自己傷害的伴侶對自己而言有多麼重要，但事實上他們那麼說只是為了保全現有的家人以及家庭生活模式。「懊悔」是一個人對自己犯下過錯感到憂傷，「懺悔」則不然，懺悔是真誠地彌補受傷那方的生活與生命。不值得信賴的對象可能會展露懊悔之意，但不會真正地懺悔。

習於欺騙伴侶的人，打從心底不認為自己有忠誠的義務；這是一種反社會（sociopathy）人格的表現。反社會傾向的人允許自己背叛、甚至犯罪，不會將其視為不公平或不道德的行為。他們認定自己位於「公平」的遊戲規則之上，因此不應受規則拘束，但當他們遭到同等待遇時，對他人卻絕無寬貸。

反社會的人缺乏罪惡感或忠誠感，與精神變態者的區別在於他們不致對社會造成重大危害。任何人都有可能透過反社會的方式來應付壓力——只需要痲痹自己的感受，抽離對其他人的同理之心。

事實上，每個人都有以反社會作風行事的潛在可能性。當自我膨脹到極點時，我們就開始相信自己沒有必要依循社會規則；我們開始相信自己的背叛不是過錯——因為我們高人一等。這正是在親密關係或人生其他領域之中，自以為擁有應得特權的錯覺；這種錯覺令人產生「自己的需求較一般人更加複雜或更加獨特」的認知，並進而衍生出「如何滿足自我需求，唯有自己能夠決定」的定論。在這樣的思維架構下，由於我們認為對人坦誠將會干擾自己內在需要的滿足和人生規劃，因此我們選擇欺瞞。

當我們遭人背叛

當關係破裂時，信任感崩解所引發的傷痛，遠遠大於分手本身。因遭人背叛而形成的傷口，多半需要極長的時間才能復原。孤獨感將狠狠襲來——我們覺得自己再也無法相信任何人，而這種孤獨感會令傷口格外地痛徹心扉。此時此刻，無論另一半以怎樣的方式向我們懺悔，幫助仍然有限；畢竟最終能使我們順利克服背叛之痛的，唯有自己與時間。扭轉情勢的第一步還是「釋放悲傷的情緒」——為了失去彼此一度純粹的情感連結，為了失去自己的天真。

身為受到背叛的當事人，我們將面臨幾項根本的抉擇。我們可以「走老路」——愁眉苦臉、自怨自艾、深陷絕望，或在舔拭自我傷口的同時，任由怪罪、仇恨、報復心漸漸滋長（以上處理方式對自己的身心都是種折磨）。

我們也可以選擇一條較有創意的新路：**勇氣與同理心**。我們依舊需要體會自然流露的哀傷，並且藉由哀傷與憤怒、恐懼等所有感受的檢驗，回顧過去類似的經驗。在與這些情緒共處的同時，不夾雜怪罪對方和報復對方的心態，我們就能在守住原則的情況下自我療癒。接下來，迎接我們的是一條柳暗花明之徑，我們將有機會完整地結束過往的未竟之事。結束從前親密關係帶來的全部傷痛，然後闊步向前——與未來伴侶或獨自一人。

在自我療癒完成時，你會為自己不受錯覺束縛的輕盈而感到欣喜。這比虛偽營造的安全感或避風港更具價值。因為人生之旅的終極目標，在於從自我安全的狹隘，前進至覺悟清明的遼闊。背叛的經驗幫助我們距離目標更接近一些，儘管過程中必然有情緒的宣泄，但這絲毫不可恥。

被留下來的一方不能輕易跨越痛苦的原因，不僅是因為背叛和失去。我們會發現，這其中有三種原型開始佔據我們的生命：孤兒、自由的奴隸以及英雄。被遺棄的感受很自然地帶來孤兒的原型；跟一個並非真正愛我們的人脫離關係，使我們與被解放的奴隸原型相連結；當這份痛楚昇華為自我啟蒙，我們變得更加堅強、更加無懼於接下來的人生課題時，英雄原型即正式現身。

由於這三種原型的能量同時發生，我們在看待背叛經驗時可能會有些不知所措。但即使如此，遭人背叛的經驗絕對是個體生命成長的契機；當我們察覺到這三種原型並與每一個原型合作，必能獲取益處和恩惠。孤兒的原型提供我們獨立生存的學習機會；自由奴隸的原型創造出一個前進生命與開放選擇的空間，使我們能將其調整得更貼近內在真實的需求與企望；英雄的原型賦予我們自身力量，我們因此隨時做好心理準備，接受下一次的挑戰。除此之外，深層的自我如果能與這三種原型友善相處，充滿活力的能量將會大大提升，而這些正是每個人生命啟程的要件。

在所有強行加諸我們身上的故事結局裡，都有一個靈性成長的機會等待著我們。每一次情感的背叛經驗，都挑戰著我們對「萬事恆常」以及「擁有他人忠貞以待的應得特權」的信念。另一半因為找到新的交往對象而離開我們，逼迫我們從痛楚中學習看清世間的真實。然而，從靈性覺醒的面向來看，遭人背叛的體驗是警醒我們的鐘聲，有助我們破解原來那個執著的自我。當我們理解到，忠實於自我，未必會令他人對我們信守承諾時，謙卑的道路已近在眼前。世間一切看似安全無虞的避風港，其本質皆是脆弱不堪的。而背叛的衝擊促使我們由虛妄的想像中釋放自己，正視現實。逐步地，我們看待背叛的心態將會與過去截然不同：一度執著於不切實際之想像的自己，因為對方的離去而終於得以踏實。雖然感覺猶如被某人硬生生奪取了什麼東西一般，但附屬於此的悲傷與憤怒能令我們更有效、更充分地宣洩壓抑至今的情緒。

對拋棄我們的人而言，我們本身的意願為何無關緊要，這代表了我們脫離幼稚的堅持，進入成年的現實——一份難能可貴的生命禮物。它粉碎我們自以為是的獨特性，令我們感到不受重視、備受打擊；其中沒有任何一個元素是有趣的、你活該的或是你自願尋求的，然而它卻是練習放下自我、放下虛妄的最佳時機。背叛帶來傷痛，但未必得形成永久的傷口，頂多只是接受外科手術之後遺留的傷疤罷了。想想看，如果你將「破除自我的執著」置於生命的優先選項，說不定我們甚至會滿心歡喜地迎接背叛來到！

詩人魯米（Rumi）勉勵我們在面臨背叛之際，不妨將焦點由計劃著報復轉向放下自我：「對弈局中，切莫只知尋覓萬種活路，傾聽一聲『將軍』的指引。」

為什麼我們忍受痛苦？

當信任破裂時，我們好奇為什麼某些受到背叛或羞辱的一方，竟能長期忍受傷害或不幸的待遇，而不迅速採取因應行動——去改變。這是人類行為的謎團，有時我們會採取行動，但有時會對「自我打擊」（self-defeating）莫名地堅持。自我打擊可能會導致：

- 時常錯過自我實現或自我滿足的機會。
- 輕易地被某人連累而進入一個令自己受苦的情境，例如進入一段明知伴侶會出軌的關係中。
- 一輩子守候這樣的關係；即使有其他非當事人提供協助，我們可能會說「不」。
- 繼續留在這樣遭受羞辱或虐待的關係裡，即使我們擁有其他更安全、更富有保障的其他選擇。
- 遇到健康的伴侶人選時，認為對方無聊或無趣。

「忍耐」等於放棄自己的力量，是失去自我信任的一種形式。以下列舉的幾點可能說明了為什麼人們寧可留在充滿傷害的關係中，也不願前進到新環境——或至少「安全」的新環境。此處所說的情況，包括任何被困在人生僵局或無法開始新人生的失敗情境。請留意，以下例子大多充滿絕望：

- 在「去做」之前要先「放手」，這意味著要哀悼我們的失敗或羞辱，而那是我們會抗拒的。
- 大多數的痛苦是漸漸形成的，我們因此習慣於其中。我們的煎熬成了一齣戲，而不是一個「出口」的指標：類似於溫水煮青蛙。如果直接把一隻青蛙丟入沸水裡，他一定會馬上跳出來，反之則不然。
- 就以下兩種意義而言，痛苦的情境可能令人感到熟悉：與我們的原生家庭背景相似，我們覺得習慣；或痛苦的關係已成慣例，使我們沒有發現這些情形其實「不可接受」。在熟悉與安全之間有一條自然聯繫的線，除非我們剪斷它，否則必是任它擺佈。切記，真正的安全是勇敢地繼續前進，而不是站在原地，等待有人推我們一把。

- 儘管身處的情境可怕如魔鬼，但「已知好歹勝過未知」——這是迷信，也是出自對未知的恐懼。
- 一種「明天只會更糟」的生命態度，反映出我們無力思考替代方案——這本身即是絕望的另一種形式。
- 可能是惰性發作：習於休息的身體傾向於保持現狀，預設模式可能導致懶惰。
- 某些人從小就被教育，人生的目的是要受苦而非享樂。正在經歷的羞辱所導致的困境，似乎恰好可藉以實現我們的人生目的。宗教可能還會承諾來生的獎勵，例如我們若忍受現在的痛苦，將來可獲得獎勵；今天我們被剝奪了「值得獲取的幸福」，更驗證了這一點。
- 任何形式的連結都可能比幸福更加重要。
- 幸福的偶發性——斷斷續續地出現——使我們更容易對其躊躇不前。
- 我們可能說服自己：「這沒那麼糟」或「還不算太糟」。
- 急性的「身體疼痛」遲早會康復，因此我們認為「心理痛苦」也可以有同樣的正面結果。
- 因為自身的匱乏，我們相信這是唯一一段有前景的關係，認為這是命中註定。
- 相信痛苦會吸引前來拯救我們的救助者，因此最好的辦法就是確保我們所受的傷害是巨大、明顯且持續的。

- 相信自己能拯救為我們帶來痛苦的人。轉型成「救助者原型」會提高忍受痛苦的門檻，我們可能因此沉迷於幫助那些想要繼續他們不正常行為的伴侶，而伴侶的故事變成了我們自己的故事。這類不當的忠誠，將妨礙我們在自己的生命中前行。
- 我們一廂情願地認為事情會變得更好。這種虛假的盼望，其實是絕望的表現，因為我們已放棄了自己的能力和洞察力。真正的盼望應基於實際的進展證據。
- 我們猶豫不決，可能是因為如狄更生所說的「害怕當上王」（for fear to be a king）；在踏出勇敢步伐、走出痛苦時，對自身的力量進化、施展感到恐懼。
- 可能是有人告訴我們不要採取因應行動，於是我們奉命行事。除了讓社會有序運行外，我們的服從並非一種美德，只會成為自己生命前進的障礙。
- 可能是我們正在等待角色互換的時機。我們固執的欲望使自己尋求報復和向對方或向自己證明什麼的機會，但這些念頭只會成為我們悲慘或可悲的阻礙。
- 我們可能過度依賴或依戀這段關係所帶來的物質生活，導致我們為了避免失去它而守著關係。
- 離開不愉快的生活方式，意味著選擇往人生的下一章節移動。我們的下意識或許會擔心「往下一章節移動」代表更接近死亡，因此，留在現在痛苦的舞台是避免謝幕的方法。**我們是這樣微妙的逃避主義者嗎？**

從個人的歷史來看，「期待」有時會帶來巨大的滿足感，有時卻不然——我們可能受人辜負或感到失落。然而，存在我們內心的某樣東西，驅使我們不斷地嘗試無論如何都要重拾信任；也不斷地暗自盼望自己脆弱的信任這一次終能換來溫暖的回報，而非冰冷的對待。這是樂觀的精髓，值得我們為自己感到驕傲。但當它變成一種長期而反覆的模式，相互連累（codependency）將使我們在那些傷害我們的人面前卑躬屈膝。接下來的發展可能會如狄更生所形容的，我們的「信任在狹窄的傷痛中生了根」。

如果我們在受傷、被騙或被辜負的重蹈覆轍中，還是決定堅守於原地，就是相互連累。有人會因為認為眼前的證據不可信，並期望真愛和承諾以後能逐漸滋長而甘願等候。然而這種等候與生命「繼續前進」的意涵相反，因為我們在早已停滯、甚至愈來愈糟的現狀下指望不可能來臨的好轉。

離開相互連累的方法之一，是修正早在不健康的童年關係裡已定義成型的愛，其做法與修正不良飲食習慣類似。如果我們認為表達愛意的方式包括取悅、忍受羞辱、噤聲不語或隱藏真實情感，這樣的定義勢必造成我們的傷害。成年人表達愛意的方式應是在以慈愛態度對待另一方的同時，藉著自我關照、表明個人界線、拒絕容忍濫用、誠實面對自己的感受來維繫健康的親密關係。

如果我們對他人示愛的方式建立在不利己的定義上，就是在冒極大的風險：取悅對方將搾乾我們的創造力；持續地被羞辱會擊垮我們的自尊；默不出聲使我們質疑自己；

壓抑自我的感情會降低、消耗我們的生命力。

長期處於空虛而僵化的婚姻，其中缺乏親暱、沒有性愛或被深愛的感覺，那我們只是虛度光陰。就像一鏟一鏟的沙，無情地埋葬我們。更甚者，不良影響的極限——精神的削弱——可能會迷惑我們，使我們渾然不覺；處在死氣沉沉的關係中的我們，永遠無法察覺自己的心已被巧妙而不可逆轉地撕裂、狹隘化——正如我們難以得知污染物如何不知不覺地侵害我們的身體。然而，我們雖然無法逃離污染的空氣，卻能走出家門，只要我們能從恐懼的手中奪下鑰匙。

如果最後我們真的成功離開一段空虛、充滿辱罵且信任匱乏的關係，不妨反思一下，自己的內心是否存有一絲報復心理。離開一段關係的動機一般可分為兩類：一，賭氣走人，等待報復時機；二，考量到兩人的關係實在無法繼續，以不傷害對方為前提，獨自尋求自我療癒。後者不屬於報復行為，而是在維護健康的個人界線以及為自己保留追求幸福的選擇權——每一個人應得的選擇權。

> 我們唯一必須恐懼的，即是恐懼本身。無名的、無緣由的、無理的恐懼，將會癱瘓我們能將撤退轉為前進所需的努力。
>
> ——富蘭克林・羅斯福（Franklin Delano Roosevelt），一九三三年總統首任就職演說

重建破碎的信任感

如前述，我們對伴侶的信任感是根據他們過往的言行紀錄。一旦信任破裂，從前累積的紀錄將全數歸零。即使你的另一半希望挽救這段感情、自願放棄偷情關係並且致力修補承諾，重建信任的風險依舊存在；因為現在「紀錄」已被推翻，而必須繼續履行的是「諾言」——出自一個剛背叛你的人的諾言。

現階段的你處於過渡時期，如果你同樣願意為這段關係努力，唯一能做的即是承擔風險，直到新的信任紀錄再次建立；當然，是否值得冒這個險，決定權在你手上。當你下定決心維繫這段關係時，以下建議將對你有所助益。

練習　覺察「過去」如何影響「現在」

重建信任的練習不侷限於感情的修復。絕大多數的人是因為童年或過往人際關係中遭受過虐待、漠視、遺棄或辜負等經驗，使他們一生都必須面對重建信任的課題。在現在發生的信任破裂問題，會誘發童年或從前與之相仿的感受；所以解決現在的信任問題，幾乎等於面對、療癒過去的信任問題。當委屈消失時，我們同時化解了陳年的傷痛。

首先，你可以試著將身為「旁觀者」的自己從「經驗者」的自己抽離出來。「經驗者」的自己是我們沉浸在各種感受與念頭中的部分，而「旁觀者」的自己是我們冷靜見證「經驗者」的部分——後者帶來更遼闊的覺醒及更深層的智慧。舉例而言，「經驗者」的自己會說：「我覺得充滿威脅感，因為我愛的人最終總是離我而去。」此時「旁觀者」的自己則會客體式的描述：「背叛觸發了我從前的記憶，因此這件事與過去的相關性，比它與現在的相關性還高；這個機緣前來邀請我好好處理尚未了結的過去。」

接下來提供的練習方式無關選擇，你不需要在「經驗者」的自己與「旁觀者」的自己之間分別孰高孰低，這不是非此即彼的練習。你只要覺察並且接受兩者皆為真，支撐自我療癒和自我成長的智慧自然會隨之而來。

刻意否認或自嘲「經驗者」的自己，是在羞辱自我、削弱自我信任。當我們能夠同時認同「經驗者」與「旁觀者」的自己時，練習效果尤佳：「我有這樣的感受，而我理解這感受是受過去經驗所觸發的反應，但我的感受未變。」接著以一個具有連貫性的故事為自己旁白，然後再試著提出、處理和解決過去的問題（同時也是現在的問題）——恐懼。這是我們學習宏觀、擺脫恐懼驅使力量的良藥。

練習過程中的旁白可能是這樣：

我感到傷痛、害怕，我的生活因伴侶的不忠而分崩離析。

我對這種傷痛與恐懼的結合很熟悉，但這份熟悉感無法緩衝這次事件帶來的衝擊。

我同時記得童年與成年階段的故事，因此我能同時提出現在與過去發生的問題。

讓自己感受痛楚帶來的悲傷；讓自己感受恐懼而不企圖逃避；讓自己感受對生命中曾經背叛我的人的憤怒，然後，我便能處理過去發生的問題以及它與現在的連結。

我知道自己正在盡力地依據我的需求，解決從前尚未了結的情緒問題。我專心一意投注在自己的經歷和課題中，而非想著如何報復另一半。

現在，我明瞭真正的恐懼是出自無能為力的過去，因此我下定決心，重建自己的力量。

我向自己確認：我允許自己內心的所有感受，我也能免於恐懼。這個事件現在已成為我用以療癒過去、提升力量的契機。

但需要留意的是：人類智識所架構而成的過去，往往僅是脫離真實的表象。通常，我們會預設腦海裡浮現的過去是一幅對現實精準的描繪，實則不然；它可能不過是反射的影像罷了，如同鏡中的自己。

儘管如此，我們仍然可以運用記憶的片段，拼湊出最接近真相的版本；人類的細胞、全身上下、感官認知與各種情緒都有助於喚起底層的回憶。例如：「當某人對我發怒時，我變得無能為力。」加入回憶中較為清晰的部分，我們的旁白可能變成：「父親以前常打我，而我又不能還擊。」於是，無能為力的感受就能與早期接收憤怒的經驗建立關聯性。由此我們理解了自己的情緒反應源自孩童經驗；當時影響力極為強大，但我們相對弱小。

認知過去與現在情緒反應的關聯性之後，生理記憶便轉化為一段個人歷史。後續的課題是：承認事實、充分感受，並將之當作指引我們前行的線索。此時，我們擺脫了長期以來的「受害者」身份；因為受害感來自模糊不清的記憶，也來自舊事逼真的連結——它羈絆著我們的現在並且誘發失調的情緒反應。這項練習的意義就在於把我們從過去成型的制約中解放，以獲得更多自由。

練習　給破壞信任那一方的課題

如果前述那位不忠的伴侶就是你，以下練習將能對你有所幫助——無論你選擇離開既有關係，或是挽留：

- 承認你做過的事，完全向另一半坦誠。
- 表達你對於造成另一半受到傷害的遺憾，同理對方的心痛、接受對方的憤怒，避免在此時捍衛自己的立場。

- 按照雙方同意的方式彌補另一半。除非你們已將重建／終止關係的問題共同解決，否則絕不離開對方。

如果你確定要挽救這段關係，你還需要：

- 向對方擔保必定會結束外遇關係，並且未來將堅守一夫一妻制的原則。
- 致力重建雙方的信任感，如有需要，不妨尋求專業人士的諮商和治療。請參考後面「課題：當雙方都願意繼續努力」此段落中提及的練習方式。
- 如果不只是單一的出軌事件，而是牽涉到性成癮的問題，請加入「十二康復步驟」。如果我們拒絕康復，又要求伴侶信任我們，這就是邀請對方：「與我一起否認我的性成癮。」

再來，請格外留意你的內在究竟「缺少什麼」。本章開頭我們即探索過不忠與內心所缺的關聯。我們感到不足的原因可能出在另一半身上，因此我們自然而然地去尋找能夠填補所缺的另一人。然而，「缺少什麼」同時意味了外遇方內心世界的偏差。

其實這世上每一場外遇都包含有上癮、強迫的成分，這從我們迫切地想要填補永無止境的內在需求可以看出，這種迫切通常出自於童年時期未能獲得滿足的需求。因此，不忠不僅代表我們在既有親密關係裡的貧乏之處，還代表我們本身過度的渴求。

一般來說，如果你童年時期的需求獲得「健康的」滿足，之後你的生命需求不易「過量」；但反之則不然。這些未獲滿足的區塊在內心悄悄轉為一種「貪得無厭」，而我們開始對能提供需求滿足的人，養成緊抓不放的癮頭或執迷；同時，與此人相處時心中產生的興奮或愛慕，令我們擁有戀愛的感受。在真實的愛中，結合以後應是寧靜的休息。一旦出現永不滿足的情形，即是成癮的警訊——提醒我們「過量」追求「強烈」滿足感的危險性。

同樣地，充分哀悼過去未受滿足的需求仍是第一要務，接著以無條件肯定的態度，完全接受童年有所貧乏的事實（這部分在我的另一作品《與過去和好》中有詳細的討論）。在處理這份人生課題的當下，毋需責怪或怨懟父母，如此我們才能真正擺脫過去的羈絆。另外，這也有助於我們在尋找滿足童年失落之時，能夠更加願意接受「多元的可能性」：除了伴侶之外，友誼、事業成就、自我尊重或投入信仰的懷抱等，都可列入選項。

最終的驗證來自你的內在。我們的需求由自己掌握，不需要從出軌經驗中滿足，也不需要將過多的壓力加諸於我們的既有關係。藉此我們將會發現，原本無法刻意限制的自我需求，已經自然而然地淡化了。只要我們致力處理需求問題，一切終將迎刃而解。

反之，疏於處理內在各種議題的後果會使我們動彈不得，即使眼前出現一位和我們互有好感的對象，我們依舊可能重蹈覆轍。

練習 給遭到背叛那一方的課題

想要療癒失去信任的親身體驗，「釋放哀傷」是必經的步驟：允許自己充分感受失去信任的悲傷、對辜負我們的對象的憤怒，以及再也無法重拾信任的恐懼。只要這些情緒仍然存在，就讓自己與之共處。有一天，痛楚會不知不覺地被放下，而我們不再追究任何人，包括自己。

其中特別需要我們關注的情緒是憤怒——一般定義為「因不公平的待遇而心存不滿」。第一種狀況是當某人毀約或破壞協議時，「心靈層次」會因此產生傷痛。另外一種情形則是源於自身的期待與對方有所落差，此時的傷痛屬於「自我層次」，因為我們感到自己應得的權利不受人尊重。憤怒是挫折感的一種，可能進一步引發不健康或具攻擊性的心態。如果我們決意貫徹自己真誠的言行，即能將指向他人的矛頭轉向，化憤怒為探索內在的機會。

如果憤怒的成因是第一種（協議遭人破壞），我們可以用非攻擊性的方式，適時向毀約的一方表達不滿；如果是第二種（失望的自我），我們不妨依循心理投射和期待的軌跡審視自己。接著，試著將包含令我們失望的另一半在內的整體經驗，融入平時的慈愛實踐練習中。

無論你身處於上述何種狀況，透過正視遭人背叛的「事實」，最終皆能找到自我療癒之道。放棄進一步的抗辯、承認現實狀況，以無條件肯定的態度，驅動自己朝「全然接受」的方向前進，然後你會發現，自己因此能置身於處理問題的最佳位置。接受現實不代表隱忍或妥協，我們依舊可以選擇在伴侶及其情人間的這齣劇中，拒絕參與演出。如此一來，我們能在一定程度上，保持對自身以及親密關係下一步該何去何從的專注，為自我恢復做準備。

以上的建議僅限於處理單一出軌事件，如果伴侶不忠對你而言是親密關係的常態或反覆性的拒絕，你必須面對的問題是修正「不健康的親密關係」，此時，較為妥善的方式為尋求專業治療。

如果對方出軌的動機在於報復或是向我們表達仇恨及惡意，只仰賴心理治療是不夠的。因為惡意一旦產生，便需要「慈愛」的靈性轉換，才能達成真心懺悔、真心彌補的效果。

如果遭到背叛的一方已經被捲入整場外遇事件中，不管理由何在，都需要仔細探索這段親密關係背後代表什麼，以及其中是否混雜了怨懟和絕望。

如果確認伴侶不忠的原因之一為性成癮，加入類似「戒酒無名會」等使用「十二康復步驟」的團體治療。

無論你的情況屬於上述何者，這樣承諾將對你大有幫助：

- 我放下自己心中對你的想像。
- 我放下任何對你的要求。
- 我絕不尋求報復。
- 我尋求不失個人界線的寬恕之途（寬恕使我們放下對伴侶犯下錯誤的執念，因此寬恕象徵一種健康的分離、個人界線的維持和自痴迷依附中的解脫。寬恕也使我們放下怪罪與報復對方的心，因此寬恕能賜予我們重新聯結的機會及前進的自由）。
- 日復一日，我都願以慈愛的態度回應你、回應我自己。
- 我將繼續我的人生之旅。
- 如果有機會，我將與你共同繼續我們的人生之旅。重新啟航的前提是我們共同提出、處理、解決雙方的問題。

當我們將他人對自我的傷害漸漸稀釋後，每一個人皆有轉變的潛能——身心變得更加健康、靈性變得更加清明。我們將生命的重心移轉到：如何從每一段經驗中累積智慧、如何將受人背叛一事化為修持正念與慈愛的機會以及人生之旅的未來方向。

要是你對於任何一個人或任何一件事，都要求百分之百的忠誠與信任——零傷害、零背叛和零失望——你將同時錯過人性歷史中最動人、最鮮明而深入靈魂的篇章。

練習　當雙方都願意繼續努力時的課題

如果親密關係中的雙方都依舊願意攜手重建破碎的信任，接下來要做的是探索這段親密關係，以及探索出軌經驗對你們的意義（建議透過專業的諮商與治療）。

這表示你們可以詳細檢視共有的信任史、性生活、對承諾的恐懼感、對彼此的怨恨與愛慕，以及重新建立親密關係的意願，並且將焦點放在提出彼此的需求、為需求「命名」、正視這段關係歷時多久的滿足匱乏。再來，透過情緒表達與挖掘其中與「過去經驗」的聯結，一起分析問題所在。如此一來，才能在「根本改變親密關係」上達成共識。至於共識的協議項目，不妨參考前面「課題：給遭到背叛的那一方」段落文末。

此外，我們可以這樣彼此承諾：

- 我向自己許下承諾，信任你並且成為你身邊可靠的伴侶。
- 我尊重你的個人界線。

- 我誠實表達出自己的感受與行為。
- 我以敞開心扉的態度面對你的需求，並跟你分享我的需求。
- 儘管我受傷時會喊痛、也會與你共同尋求解決之道，但從今以後無論你做了什麼，我都不會向你報復。
- 當問題浮現時，我願意傾聽你的考量，並參與你「提出問題、處理問題及解決問題」的過程。
- 如果問題惡化到超出我們的能力範圍，我願意加入心理治療。
- 我向你許下承諾，對你給予我的忠誠與陪伴。而我會以5A的方式以及其他方式履行承諾：

——關注你與你的感受。

——接納你真實的樣貌。

——欣賞你並且時時表達出來。

——以肢體行為表達對你的情感（而非每次都要藉由性行為）。

——容許你按照你自己內心深層的需求、價值觀和期望自由自在地生活，同時相信你會對我們的配偶關係忠誠。

現在，我們共同迎向的挑戰，便是建立新的交流管道，以分享承諾彼此的5A之愛與無條件的真誠；這之中包括維持相互理解對方的感受、疑慮或生活安排的流動。重建信任勢必是場艱辛的奮鬥，相當於重新啟動一段感情。但如果雙方都擁有意願與決心，繼續修習接踵而來的學分，便能一步步重新穩固親密關係，或是打造新的感情基礎。

除了參加心理治療以外，還可藉由邀請伴侶一起走出家庭，從事相同活動、累積共有經驗、享受陪伴時光……等方式來重建信任，例如露營、滑雪或休閒渡假。每個月至少一次的週末活動，必定能提升雙方的親密感。

其中效果最佳的是需要兩方專注投入到忘我的各類活動、運動與計劃，既可互動又可融入生活模式之中。累積此種需要一起「專心一意」又能愉悅交流的經驗，並將其融入共同的生活中，是增加伴侶關係緊密度的催化劑。

同時還可試著考量你們重建關係的動機何在：是因為這段關係對你們的意義重大嗎？思索答案時，先停下來問彼此：「修補關係是為了我們的孩子？為了我們共有的歷史包袱？我們還能相互包容嗎？還是除了這個家以外，沒有其他安身之處了？」徹底的改變背後，必須擁有足夠的熱忱，如果答案是：「因為我們仍然十分相愛，並且準備好對彼此再次許下全心全意的承諾。」那麼，你們的關係絕對有死灰復燃的希望。

由於第一類理由而嘗試修補關係的人，維繫感情只不過是為了保持生活現狀，為了尋求一個低風險的選項與安全感而甘願自我適應、自我妥協。第二種情況則不然，你們的動機來自於「對彼此的愛」，因而你們是真心地盼望這段關係能夠繼續。

你或許已經發覺，自己過去經營關係的那套模式——承諾不足、分分合合、時壞時好——早就行不通了。歷經出軌事件以後，親密關係中的雙方應能理解那種「忽近忽遠」的相處方式是死路一條，現在的你們需要全心全意的投入與承諾，機會才會敞開；並且每一項新的協議必須是雙方均能「欣然」接受的，嚴加禁止或相互牽制對重建感情並無用處——因為這可能會讓其中一方感到不夠真誠、無法做到或者不公平。

眼前剩下的只有這兩條路：繼續這段關係，或是分手。前者需要伴侶雙方對「無條件承諾」的共同堅持、攜手前行；後者則令彼此能夠放下對方、各自前行。無論最終走向哪一條路，只要忠於真實，都可以成為健康的轉變。雖然這兩條路看似極端，但它與對生命毫無助益的「折衷辦法」相較，更為值得。我想起一段義大利諺語：「勉強結合不如獨自快活。」。折衷或妥協會令我們困在現狀、動彈不得。而當生命歸零時，我們卻能到達任何地方。

如同上述所討論的，想要重建信任，對於夫妻或是情侶而言，任何一段出軌的小插曲都是巨大的打擊：不管是遭到背叛的一方要重建對另一方的信任感，或背叛的一方要重建自己的誠信紀錄，都需要時間的累積。顯然，在努力的過程中，不能期待雙方持續地維持穩定的熱度，反倒是要做好心理準備，面對緊繃、憤怒的情緒以及難免的冷淡氣氛。雖然這對兩人來說，並非培養情感的最佳狀態，但畢竟木已成舟，我們只能耐心等候。而「耐心」永遠是承諾之中的必要元素。

此外，本章提及的哀悼練習不侷限於「重建破碎的信任感」，只要你歷經一段關係的低潮（即使不是因為某一方出軌所導致），這樣的練習也將產生助益。當你們百般容忍這段關係走到這一步時，內心必定有所壓抑，哀悼練習是為了釋放這份壓抑；並且透過全面分析親密關係中彼此心煩意亂或失落感的緣由，就能在不忠事件發生之前，即致力修復情感、並使其進展。儘管其中需要相當微妙而細膩的操作，但卻百分之百可行。

至於其他各式各樣切入背叛議題的複雜角度，如果範圍大於本章列舉的檢核清單，可姑且擱置，否則你將心力交瘁；以上步驟的延續項目，留待往後每一個人自行處理即可。當下的重點是完成「充分釋放悲傷」的課題，因為一切遭到背叛或是欺騙的傷痛，終究需要給自己完整的哀悼空間。只要這項學分無法修畢，無論你擁有多少或多久的負面經驗，依舊無法療癒。

接著，迎接我們的是更費勁、更細微、更難以捉摸的生命課題——自背叛經驗中昇華，並進一步成長。當我們將「信任破裂」轉化為「內在演進的契機」時，我們將能由「盲從式的信仰承諾」之中超脫，也能由「打破誓言的怨懟」之中超脫。於是，個體的存在超越了各式各樣親身經驗的故事，自我框架已然伸展成如佛陀般無盡寬廣的格局。

對女性而言，遭人背叛的體驗通常更加沉重，因為在女性心中「人際連結」的比重較大，例如：「我們之間這般特別的點點滴滴，你竟能如此輕易地與一個陌生人分享。」或是「我想要的獨一無二，你竟然不是給我，而是送給他人」等。對男性而言，另一半的不忠多半是打擊到他們的自尊心，例如：「我原以為妳屬於我，但這屬於我的竟然離開我。」當然上述的兩性思維可能對調。

對任何一個人來說，信任皆具備了「靈性面向」，因此受人背叛也可能造成靈性層次的損傷。靈性傷害無法單以心理學的技巧修補，而必須經由正念與慈愛的實踐，輔以沉澱的時間所賜予的恩典。

最後值得一提的是，人類天生十分擅長於承認某些事情註定「破鏡難圓」。或許少部分人擁有「自助精神」的天真信念，會相信只要付出足夠的努力，加上積極參與治療，所有親密關係的問題都能迎刃而解。無奈，真相並非如此。正如同許多生命經驗般，一些情感問題最終還是無解。此時我們只能放手，朝著個人的生命道路前進。毋庸置疑地，這的確是一項艱鉅的挑戰。因為「放手」意味著要把能給予我們些許鼓勵和希望的一分一毫全部放棄，而前行的道路上獨剩一人，難免令人不勝唏噓。畢竟，人類的歷史起源於重要的群聚生活，並且因親密互擁，我們得以演化繁衍。

「破鏡註定難圓或善了」的事實，其實也能正面觀之。重大悲痛中無可慰藉的成分、懸掛在心的遺憾或難以擺脫的回憶，全都可能用來滋養我們。這趟生命之旅總會遇到無法一時跨越的哀痛，其深遠的影響或許正不知不覺地令我們變得更加敏銳、更富創意，同時孕育出更豐盛的同理與謙卑之心。

人類心靈的迷宮本就迂迴曲折，誰能真正透澈它的運作方式呢？也許唯有痛楚，迷宮的通道才會全然開啟；又也許唯有痛楚的迴音，才是心靈最深刻的節奏。

最近我正好在清除一些電腦裡無用的程式，結果跳出的訊息視窗通知我：「此項目為系統有效運作的必要程式，無法刪除。」人類心靈的運作是否與此極為相似？某些經歷與感受看似無用，卻長久停駐在我們內心，懸而未決、飄搖不定，而我們必須相信「此項目為系統有效運作的必要程式」——儘管我們並不清楚其運作方式為何。但這確實能夠解釋，不是每一個心理問題都能被（或應該被）充分提出、處理或徹底解決。

我們的任務十分單純：放手。放下對自我情感的殘忍控制，親切地款待我們既有與未來的人生故事；最糟的情況充其量就是那些需要修補的坑洞或難以收拾、只許哀傷的結局，不是嗎？

想要去瞭解、想要去成為一個完全的人，這是何其複雜又神秘難解的挑戰！

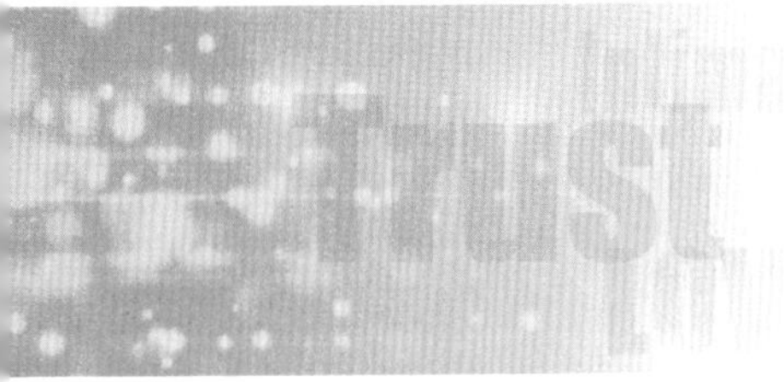

第6章

信任自己

只有當我們迷了路……我們才能開始去找到我們自己，了解自己置身何處，了解自己和大自然之間無限的關係。

——梭羅，《湖濱散記》

自我信任的啟動

在許多古老的部落儀式中，都可見到象徵年輕人必須離開熟悉舒適的環境、挑戰未知的視覺表演。在未知的冒險中生存下來，有助於自我信任的啟動，同時這份自我信任也可以進一步延伸，成為對超自然力量的協助與指引的信任。年輕人可以信任這兩股力量的陪伴——包括外在與內在——然後，他們的成年旅程於焉展開。

但在文明社會的文化中，無論是挑戰未知或荒野求生，這類儀式都早已式微。多數人必須在都市叢林裡摸索出一條輪廓模糊的路徑，設法自行學會自我信任。至於最終能化為內在力量的部分有多少，則和你面對困境時，適應性與靈活度的成長曲線呈正比。說穿了，多數相關技能其實只是一堆雜亂無章的經驗組合，加上些許的自我堅持罷了。

一般而言，自我信任的誕生，能使我們欣然看待自己的「真正面貌」、對他人許下愛的承諾、投入有意義的工作或生命課題、擺脫成癮支配，並處理日常壓力。所以，在建立自我信任以後，隨之而來的便是不證自明的內在平靜以及無懼於大風大浪的泰然自若。

以下逐項列舉「健康的自我信任」與心理狀態的特質：

- 擁有自主意識、為自己的行為負責。
- 認知世界的方式由「想像、投射、情感移轉」逐漸轉為「接受事實」。

- 生命的導演不再是「過去」，我們以迎向未來、訂定適當目標的態度活在當下。
- 我們已具備可支持自己、支援他人的內在系統。
- 在人際關係中，對別人接受與付出5A——關注、接納、欣賞、情感、容許，並同時將5A施予自己。
- 身處壓力時能有自我撫慰、尋求內在力量的能力，使自己不致朝向自我毀滅或對外界不當依賴的方向逃避。
- 不因親密關係的變動而被吞噬自我，也不害怕親密關係走向更深層的發展。
- 面對世間的來去無常能自我調適，不會因此被龐大的無力感和遺棄感淹沒。
- 能與自己或他人的感受自在共處，並能判斷表達情緒的時機是否適切、安全。
- 與恐懼感與罪惡感和解，使它們無法成為我們生命選擇或是行為的驅使或阻力。
- 可以面對失望與挫折，不會因此情緒過度起伏。
- 擁有對生命的熱忱、歡愉及幽默感，並因而充滿活力。
- 採取自我肯定的行為，而非侵犯性的行為。[1]
- 在回應外界對我們的要求時，劃定合理的個人界線。
- 我們的生活態度與人際模式可以是開放的，但毋須配合「強人所難的要求」；可

1. 編注：關於自我肯定的行為與侵犯性的行為，在作者另一著作《當恐懼遇見愛》（*When Love Meets Fear*，啟示出版）中有更詳細的探討與描述。

以接受旁人的提示，但毋須接受旁人的干涉。

- 必要時我們能夠將及時行樂的衝動延遲。
- 依誠信行事、依正面的人生觀生活。而正面的人生觀包括慷慨、真誠，以及對每一個人的尊重與平等心（無論對方的地位或對我們的態度為何）。
- 認真處理「自我」（ego）的問題，毋須受以下因素支配，例如：害怕形象受損、執著於我對你錯、傲慢、控制欲或自以為是的應得特權。
- 認清自己的陰暗面，並試著探索它，如果它已經化為具體的行為，便要格外留意。例如：信任的陰暗面是自以為是的應得特權，可信的陰暗面是對雙方有害的愚忠。
- 放下任何認可自我否定、壓抑批判思維的人際關係或連結系統。
- 確保我們看待自己人生目標或生命意義的角度，與地球生命整體的演化一致。在共生命運的意識上追求成長，並且透過獨特的天賦和才能竭盡所能地貢獻自己。

同理，一段健康的關係應是養育信任感的肥沃土壤。每個人的「真我」（true self）一直等待著發芽的契機，而這份契機正是5A——來自愛我們之人的付出以及我們內在的自給自足。

當代著名宗教哲學家馬丁・巴爾（Martin Buber）在其著作《我與汝》（*I and Thou*）

中，評論了我們自身對於旁人需求與自我信任能力之間直接的關聯性：「一個人會期望透過另一個人的確認，來證實自身的存在……他暗自而羞怯地等待著一個肯定，以此來允許他的存在，一個唯有另一人類同伴才能給予的肯定。從一人到另一人手上，自我存在的神聖精神糧食方能遞交。」因此，自我信任並非消除對他人的需求；反之，我們每一個人皆非常需要借助他人的肯定，才能充分而自在地享受「自我存在」。

絕大多數的人，由雙親身上接收到的撫育方式，都偏重於讓我們**更加依附他們，而非幫助我們成為一個強大而自在的獨立存在**，以具備在人生旅途中「自行啟航」的力量。現在，我們必須先相信自己，才能同時展開獨立冒險，並且維繫和旁人之間的連結。沒有任何一段關係該是獨立冒險的阻力，每一個人皆有權成為真實的自己、實現個人的願望；同理，沒有任何一段自我挑戰需要切斷人際連結。

有時，人類的預設模式是「惰性」（inertia），恰與自行出發的力量相反。然而，即使惰性依舊在，我們仍可勇於學習在行動中信任自己，並且嘗試踏出自主的第一步——而其中的涵義為：我們不應將自己的惰性推諉到父母身上。父母在我們「過去生命」中表現的行為，無法作為我們「現在生命」困境的藉口。因為我們現在的一切，都是出於自己的選擇。

藉由開啟一個能充分反映我們真實樣貌與夢想的行動，我們可以學會信任自己所下的決定。大部份的人對於自己「應該呈現」的形象已經既定，比如身為「男性」或「女性」該有的形象。這套什麼「該做」、什麼「不該做」的價值觀，會限制我們釋放真實的內心需求和企望。

男性往往無法容忍（甚至只是考慮）自己的表現不符合「男性形象」。舉例而言，馬爾康有一段幸福美滿的婚姻生活，但他仍不能抗拒自己偶爾想要女裝打扮的天生慾望。他只容許自己好奇地瀏覽一些男扮女裝的網站，如果馬爾康在現實生活中真的穿上女裝，他或許會感到後悔，甚至產生自我厭惡感。瀏覽網站上的圖片成了他抵消慾望、重拾「正常」的方式。對馬爾康而言，他就是沒有辦法單純地「去做吧！」，因為他內心的幻想與既定的男性角色需求不能相容。他不是自由的存在，但對他來說，「自由」的地位比維持社會定義的「男性形象」還低。馬爾康對自我形象的包容度不足，因此無法將自身「完整的光譜」全部納入。

一般人往往**只在自己是完美無暇且與環境毫無衝突時，才能全然地信任自己**，不然就會因不信任而傷害自己或他人。古羅馬詩人兼劇作家泰倫斯（Terence）的格言值得我們反思：「人性之事，於我皆不陌生。」

信任你的感受

如果童年時期在家庭成員身上感受到過度強烈的情感，多半是以後家庭暴力或失序行為的徵兆。成年以後，如果遭遇同樣強烈的情感對待，將會觸發我們聯想到童年時期相繼而來的負面經驗。這是我們為什麼會害怕去相信自我或他人感受的原因之一。

我們不相信自己流下的淚水，擔心我們止不住它；我們不相信自己的憤怒，擔心其攻擊性會演變成傷人的武器。對於直接面對內在感受，大部分的人第一反應即是——恐懼，然而，這正是學習信任感受和信任自己的第一步。檢視自己的感受，絕對是成年人的重大任務；因為唯有如此，我們才能適度將之表達。然而，成年人卻常過度而全面性地壓抑內在感受。於是，等我們發現自己正在克制自己的啜泣聲時，我們已經失去了自我信任的能力。

一個人愈是信任自己，就愈能放下因為難以克制生理衝動而感生的恐懼，也愈能容忍人生中那些毫無防備或出乎意料的時刻。將那位時時審視自己所有行為的裁判解雇，我們才能在每一個運動場上將自己託付給自己——相信我們就算失足了，依舊不會被這場比賽淘汰。在心理功課與靈性操練的過程中，只要知道自己已經盡力而為了，那麼即使是輸家也毋須悔恨。越南的一行禪師（Thich Nhat Hahn）可作為每個人的典範：當他意識到他與同伴們的越戰反戰行動終將失敗時，他對於自己參與抗爭一事不曾感到後悔。因為他至少宣達了他的悲憫、堅持著他對終結暴力許下的諾言。即使遺憾難免，但一行禪師僅是單純地保有這份遺憾，卻未受它羈絆。關於自身的遺憾，我們也可以如此看待。

全神貫注的投入和不懈的努力，不等於我們就該要求、執著於必然的回報。我們應該從索討個人好惡的種種念頭之中解脫，例如：只要歡快，不要痛苦；只要贏，不要輸；只要名聲，不要羞辱；只要讚美，不要責難等等（期許以上列舉項目發生是可接受的，但不應強行索討）。我們在自己能力所及的範圍內盡情發揮，無論結局是成是敗。

人類最根本的感受包括：哀傷、憤怒、恐懼與歡快，其英文名稱的縮寫為SAFE（Sadness、Anger、Fear、Exuberance），因為在童年時期，我們天生就具備了盡情感受這些成分的能力。安全感帶來信任感——如果此事沒有順利發生，現在的我們依舊可以從其他鼓勵我們、肯定我們情緒表達的成年人身上，學會自由安心地體驗自己的感受。當我們發現他人信任我們的感受時，我們便能信任自己的感受。表達情緒的學習，永不嫌遲。

如果我們壓抑這些感受，這些感受就會儲存在身體內，並間接地透過行為展現。允許自己自然地流露所有感受，不掩飾、不否認、不逃避，它們將化為生命中的朋友——換句話說，就是富有建設性的正面能量。此時，我們處於平靜的境界，撫慰隨之增長，而面對各式各樣的感受，我們充滿著平等心。透過自我信任，我們得以經驗上述狀態；此時，我們不再擔心對他人會表現出攻擊性的情緒，同時我們對外展現出的情感，將能自然而然地與當時的情境相符合宜。

我們失敗時會感到傷心，但不致因陷入無窮盡的悲痛中而崩潰。哀悼在先，平靜將隨後而至——這是必然的順序；唯有充分品嘗過、釋放過感受，才能獲得真正的平靜。否則，它只是禁慾式（stoicism）的冷漠，用以逃避適切的感受。

我們感到憤怒時，會以非暴力、不帶攻擊性的方式來表達。不將憤怒向內轉為自我防衛的機制，以阻止他人妨礙我們感受的合理性。因為現在的我們相信，任何感受的合理性（legitimacy）都來自於擁有它。

我們受威脅時會心生恐懼，但恐懼無法阻止我們採取自我保護的行動。在接受恐懼存在、接受我們難以控制恐懼的事實以後，我們仍能抵抗它引發僵止不動或驅使的影響力。

我們有好事發生時，可以在不使用藥物或酒精的情況下，仍能盡情歡快、盡情慶祝。

有時，我們也可以試著向自己說：「儘管我無法控制我的感受，但我能以不帶自我判斷的眼光來看待它們。我的內心不被它們佔據、不讓它們長期停駐，但這不表示我得驅逐它們。我只消在它們出現時友善以待，在它們離去時沉著告別。」

「正念」是將我們引領到這種境界的力量，因為正念的意義就是「活在當下」。自我信任的根本特質，就是對我們內在本來就有、理解與處理感受或衝動的能力。堅信自身能力不足、缺乏內在的完整性，是一種無知。

當我們消除「自我」的嘈雜，處於正念的寧靜時，覺察的境域在眼前遼闊展開，內在的可靠感將源源不絕而來。愈信任我們的覺察之心，就能愈信任我們內在的聲音。內在智慧的見證（它總是近在咫尺）是安全感的泉源。正如莎士比亞在《一報還一報》（*Measure for Measure*）中寫到的：

到你的胸前；
敲敲門，
問你的心到底知曉什麼……

在心靈空間中，我們最安全的避風港就是自己。我們不再需要一個供我們逃避情感用的外界支撐或是壁壘。最終，我們甚至不再需要自我防禦的那堵牆，因為遼闊的內心能夠肯定一切感受、能夠充盈盡是活力的生命回應。這樣的信任存在於既有的清醒意識與智慧之中，成就個人穩固的安全感。

於是，我們開始親眼目睹：面對自己感受時「深度正念」的力量所在；我們不再需要管理「焦慮」，而管理方式健康與否也不再是重點——這是對感受的真正信賴。長期修持正念，內在感受便能清晰透徹地呈現；不必進一步採取什麼相應措施或是特意將其封閉於心，甚至可以不必借助前文提及的「提出、處理及解決」手段。深度的正念可以幫助我們內心自行整合生命經驗，因為我們不會再試圖捍衛自我，因為我們已將自我敞開。此時，對於每一個感受和每一次事件，我們不再是追究「自己是誰？」或「該如何處理這次經驗？」，而是在面對周遭紛擾時，停駐於當下的探索。我們所關注的焦點也由「發生了什麼事」轉移至「如何與發生的事相處」。

對發生之事加以臆測、制定策略或修正調整的必要性已不復存在，而我們能夠明瞭身處此時此刻的意義。處於「正念存在」及「無條件允許」的當下，由於構成妨礙的自我已然消失，我們與他人的連結將更加自由。一如本書的英文書名：**「當你對自我信任無所畏懼時，真實之愛與親密的鎖，將從此被打開。」**

李爾王：「你看見這世界運行的樣子。」
葛羅斯特伯爵：「我以感受看見了。」

——莎士比亞，《李爾王》

練習　與你的情緒共處

在正念的模式中，無論是何種情緒（包括波瀾起伏、心煩意亂、氣餒畏縮）都能成為單純的感受，然後被放下，而連繫在這些感受上的故事也能一併隨風而去。放下感受與故事，是重建意識生命的要件——表達感受的同時，劇情已被我們放手。此外矛盾的是，我們還能進一步看清這冗長又綿延的劇情是如何進展。

舉例來說，當你因為遭人背叛而感到哀傷時，自我思維與劇本模式的感受值會瞬間飆升，並產生出對遭遇這件事的意涵、目的與緣由的執念，其中混合著批判、責怪、想像、比較、羞辱，以及這件親身經歷的故事是如何訴說著我們的脆弱和自我犧牲。

當我們察覺到其中的壓力時，我們同時也能察覺到由於衝動行事的模式已被推翻，因此自己終將順利度過、存活下來。這為我們帶來了面對情緒的力量感（a sense of power）。

接著，給予自己均等的時間，摒棄自我思維的框架，「與情緒共處」並且「純粹地感受它」，你將感到正念賦予我們充滿力量的平靜。

嘗試在兩種模式之間反覆切換——寧靜的正念與動盪的思緒，並且在每次切換中致力將正念的時間延長。逐漸地，那個動盪起伏的我將趨於靜止，而正念的我會成為比生命劇情更引人入勝的主角。劇情對我們的主宰程度也會愈來愈小。

以上描述的兩種模式，對「重建」情緒、想法或事件的「經驗過程」是必要的。透過充分感受、觀察自己對其的詮釋與評論而不受左右，覺醒的生命將再度成就。

從此，**個人的思維、批判、劇情和辯護，將全被馴服成靈性意識**。

- 駐足於正念的時間足夠，就能開闢出一條行進在人生故事與正念之間的中間之道。行進在中間之道時，原先以「自我」為舞台中心時所企求不得的智慧與透徹的理智，將會油然而生。
- 與故事劇情和自我期待相符的戲服將會自然地卸下，內心感受會赤裸裸地浮現。
- 完全釋放自己的所有感受，但不含強迫或侵犯的成分，只剩慈愛與寧靜。
- 放心而平靜地看待人事物原本的模樣，毋須對其逃避或掌控。
- 對於發生的事件，我報以迎接的態度與流動的反應。我能感到內在正在拆解我原先的習性——那些白費心思、根深柢固地想去維持人生順利如意，以免情緒失控所作的努力。
- 我漸漸理解，透徹的理智與悟性一直存在於我的內在，而我已花費一生時間來挖掘這些資源。

每個人的生命都源自於對可依賴之物的需求，因而我們學習信任。**當我們終於學會與不確定性相處時，生命便臻於成熟**。生命之卷中，每一個段落章節的終結和起始，都能令這趟旅程更為奧妙有趣。

信任你的身體

杜飛先生在身體一小段距離以外活着。

——詹姆斯．喬伊斯，《都柏林人：憾事一樁》（*Dubliners* "*A Painful Case*"）

人類的身體就是經驗之所在，只要對其悉心留意，就等於占據了從中汲取經驗的最佳位置。同時，我們可能也會察覺到身體的侷促、緊繃及壓力。然而，只要運用深度換氣或其他技巧，就有助於身體壓力的釋放。這麼說來，身體就是我們的訊息系統兼資源系統，為我們帶來可靠的教誨——在佛教，這稱為「無上灼見而圓滿之理」（unsurpassed, penetrating and perfect dharma）。

隨著對自己身體的理解加深，我們將因為解讀情緒狀態的直覺能力與正確性提升，而對旁人的舉動變得更為敏銳，並且擁有更多同理之心，而身體也會自然地成為利於表達愛的媒介。

一般而言，與「身體感知」相較，人們視「思想」為一更富權威性之事物；然而這實際上是種偏見。一旦試著降低我們賦予思想的「影響力」，身體才能真正成為「傾聽的工具」。因為此時此刻，我們知道如何放鬆，而這份能力蘊藏在意識之間的一呼一吸、滿是壓力一天過後的熱水澡，或是為了美好而純粹的享受的放空。娛樂是大腦中樞啟動放鬆的良性刺激，此外，建立平靜心靈、舒緩身體的成功經驗，不但能養成自我調適與自我平衡的能力，還能幫助我們信任自己。

當人們過勞與筋疲力盡時，會自殘或麻痺身體。如果你現在從事的工作是上天的旨意與安排，工作本身通常會帶來活力而非疲累感；但這樣的情形不一定是必然，所以伴隨工作而來的挑戰，是適度在工作與玩樂之間輪替，而玩樂在此時是活力來源的另一個選項。現有工作對我們的吸引力愈低，我們就愈需要多抽點時間充電自己、娛樂自己、放鬆自己。

當大腦被皮質醇創傷（cortisol-drenched trauma）淹沒時，多數人難以進入放鬆或冥想的境界，即使善用深度換氣或泡個熱水澡也一樣。心靈彷彿全被騷動占據，而身體所承受的形式更加惡劣與凶猛：加速的心跳、淺層的呼吸、顫抖、腸胃或喉嚨的緊張感、高血壓、冷汗直流等。

儘管故事已成往事，過去的創傷仍然深深銘刻在細胞裡，感受仍舊留存。因為人類大腦的海馬迴（hippocampus）裡儲存著彷彿歷歷在目的記憶，逼使我們向壓力妥協。因此，現在式的創傷與過去式的童年創傷同等逼真、同等令人感到無力對抗。

身體會向我們的內在報告「整體需求」為何，卻不會對我們娓娓道來細微之處。所以我們必須謹慎觀賞需求的「外衣」，才有機會看透需求的「隱喻」。我們對性的需求，或許意味著需要一個擁抱；我們對甜甜圈的渴求，或許代表了一種需要被填補的空虛。

在感到焦慮時，較適切的情緒或許是興奮；例如對初次約會或性關係的期待，就可能不知不覺地喚起焦慮。腎上腺素就像硬幣的雙面，正面是興奮、反面是焦慮。如果這股焦慮感一時之間不能切換為興奮感，我們內心的訊息將會變成：「小心！這項計劃、這次約會、這個人不適合我！」受虐或困窘的感受往往來自回憶的誘發。焦慮可能根本不是內心發出的警告之聲，而只不過是習性罷了。身體說的故事，我們未必能夠解釋正確，而專業的物理治療或身體調整，可以協助我們翻譯故事背後的涵義。

隱藏自己真實需求的人甚至可能是自己。假設「與父母親近」曾在童年時期被利用為虐待我們的藉口，現在的我們可能對於自己需要親近感與否都會感到躊躇；假設某個需求曾經導致屈辱感或威脅感，現在的我們將會小心翼翼地把需求藏起來，即使是對我們自己。

最終，身體感受會給予我們具有一致性與連續性的體會。在此分享我的個人經驗：某天，我決定將一疊疊的家人相片按照時序排列。於是，我把它們攤在地毯上，仔細依序排好並放置在相簿裡。當這項「化混亂為秩序」的任務就緒時，意想不到的事在我身上發生了，我忽然瞭解了人生故事中「自己」所在的位置——不僅出於依序歸位的歷史，更因為對於此生孕育我、支撐我之家庭的一份歸屬感。它讓我尋找到存在於這個星球的理由。此次強烈的生理經驗進一步轉換為連結感與由此而生的生命意義。除此之外，我還感受到一波一波的善意向我襲來，穿越我，傳向所有相片裡的人，以及我記憶中他們帶給我的缺失或美好。我的身體升起一股滿意感和具體感——我能信任生命歷經的一切，終是全然的滿足。這驗證了我的信念：信任並非單純的訊息，而是不折不扣的體會。自此，我將自己看作「體現的存在」，不再只是一個「具備身體的存在」。

事情越來越不艱難，我的身體甚至可以讓光穿越。

——維吉尼亞．吳爾芙，《海浪》（*The Waves*）

信任你的性愛

我們的性愛經驗是社會影響我們身體的另一例。保守壓抑的家庭或是教會，都可能灌輸我們對性愛的恐懼與羞恥感。這會令人對於自己是否允許自由表達（甚至自由得知）個人的性愛經驗，產生質疑。原生的約束會以生活受限的方式持續傷害我們。實際損失超過我們的想像——如罪惡感與性成癮，而更深的傷害，則是因為童年時期的羞恥感，妨礙了我們擁有在此層面應得的自在、完全成熟的機會。除非我們能把建構在既成定義和禁令的自我「去身分認同」（disidentify），否則我們永遠無法成為自我經驗的作者，也無法擁有真正的自主。

大腦中與性和愛相關的迴路共有三種：雄性睪固酮／雌性動情激素（testosterone/

estrogen）迴路能使人產生對「多人」的性趣，無關愛情、純屬欲望；多巴胺（dopamine）迴路能促成我們專情地墜入愛河；催產素／血管加壓素（oxytocin/vasopressin）則能為我們帶來持續的親密關係。

處於第一種迴路中，我們探索冒險；處於第二種模式中，我們把握；處於第三種模式中，我們許下廝守的承諾。以大自然的角度來看，冒險是為了尋找適合「製造後代」的候選人，墜入愛河是為了「共同生育」，而廝守終生是為了「提供後代一個穩定成長的環境」。因此，三種迴路協同運作，人類便能從青少年順利進展至成年階段。

性慾與目眩神迷的浪漫愛情，兩者均是癮頭的滋味。這滋味令人癡迷、抱著僥倖心理、依賴心變強、欲求不滿、無法放手。但只要我們沒有深陷其中、難以自拔，這種癮頭未必需要戒斷療程。因為這種癮頭具有階段性與時效性，除非我們「服用」過量或延長服用時間，不然便不會造成傷害。

性愛的三部曲通常是依序發生，但也可能同時出現。進入第三種模式以後，不代表大腦從此完全關閉對性慾和墜入愛河的可能性。然而，如果我們已經與某人承諾廝守終身，卻依舊循前兩種的驅動力行事，情況勢必變得複雜。我們保有感受驅動與情感反應的選項，但可將其看作一種訊息接收，不需採取行動。這是忠於承諾的原則。

在每個人的一生中，只要抱持著對自己與他人負責任的態度，就可以學習充分信任自己天生的性衝動並予以慶祝。換句話說，即是相信身體的性反應，但不被腎上腺素主導，而失去做選擇時的客觀立場或理智。

在莎士比亞的劇作《安東尼與克里奧佩托拉》（*Antony and Cleopatra*）中，描述了人與人之間性的連結可昇華為更崇高的靈性力量：

那吻
奪去我天堂無上的快樂。

你能在危機中信任自己嗎？

人類心靈的景緻與地貌一般，也有沙漠存在。心靈之中焦乾的土地並非由烈日、狂風、大火形成，而是起因於脆弱、無助與絕望。當我們發覺自己身陷危機，可以試著暫停心智運作，別急著以填入其他人事物的方式解決——一如連續的生態界中允許中斷的沙漠區域那樣。單純地考量危機本身，以不帶自我批判、強迫修正的態度與之共處。

藉由本書，我們可以學習成為自己人生的目擊者，觀察發生在自己身上的新事物，不必多加評論。此種形式的「存在」有助於穩定自我，並能順利通過艱難的心靈地貌或種種困境。我們有待努力的是，建立一種專有的「存在」，避免心理劇情或心理投射來打擾。接著，智慧和覺察的理智油然而生，這便是正念的助益：**信任自己必能於危機中**

成長。也因此，此刻正念的實踐將進入「自我滋養」的階段——也就是「對自己付出慈愛」。

在正念與冥思中，毋須刻意維持大腦運轉，「待機狀態」是可接受的。如果你注意到此時的自己正在以譴責咒罵的方式批判，同樣地，純粹觀看它，並將注意力拉回當下、純粹體驗它。如果你發現自己正陷入自編自導自演的故事裡，拍拍肩膀提醒一下自己（此處描述的是一個「心理動作」，而非「實際動作」），同樣將注意力引導回當下的感受。上述的練習能讓你與勇氣連結，你將不再視自己為一位受害者。

如同我們已見的，我們難免會為自己的人生經驗編寫一套旁白或注解，不時地譴責自己與他人，或是為自己與他人脫罪。這些故事是一套模式既定的偏見，是對人生困境的解釋和說詞，使我們與「真誠表達問題」完全脫離。正念冥想能將我們從這套逃避的思維中釋放，幫助我們進入現實的明朗，而非躲入虛幻的隱晦。充滿無力感的危機會成為轉機，我們將擺脫杜撰的劇情，走過困境，迎向新的生命篇章。

因此危機中的挑戰是：專注於當下、與現狀共處。即使這樣你不會感到愉快，但在同時，力量和智慧的內在本質已在不遠處盤旋，隨時等待親自造訪的契機。矛盾之處在於，你必須願意踏進更深層的絕望，才能觸碰到希望。這是「冥想」化為「信任」的具體呈現。

當我們能夠無條件地接受、擁抱困境，困境就能化身為某個新事物的門檻。從前

「兩者擇一」的思維將進化成「兩者兼具」的思維——該如何辦到呢？這不是縱身躍入未經探勘、充滿無助的的荒涼之境，揮舞著「希望之旗」並宣稱一切已在自己的掌握之中就成了；而是要停駐在絕望裡，同時讓內在的真誠為我們打造一個環境，允許「真實改變」在其中發生。在深層的正念中，我們絕對有機會達到這個境界。

讓我們能夠留在絕望中的，是最真實的信任與希望——存在我們內心深處。這是何等驚人的蛻變。首先，我們必須信任自身的無力，儘管從表面看來，「無力」與「信任」的一般定義（依賴可靠的某人或某事）有所衝突，但世界本就充滿矛盾，字典提供的定義在真實人生中僅能當作參考。靈性的探險就是在這樣充滿不確定性與無力感的前提下運作，而信任依舊合宜。

在許多英雄冒險故事中，無力是我們熟悉的場景。被無力感淹沒的英雄通常會引發「救援角色」的原型登場，無論是另一個人類同胞或是神秘力量。例如一九四〇年迪士尼卡通《木偶奇遇記》，當其中年邁的皮諾丘（Pinocchio）躺在滲水的沙灘上，正覺死氣沉沉、人生無助時，便吸引到藍色天使的關注，並賦予他最心愛的木偶「生命」，使木偶搖身一變為活生生的男孩。同樣地，當關在監獄裡的俠盜羅賓漢（Robin Hood）正絕望地等著被絞死時，女僕瑪莉安下定決心要拯救他。

更重要的是，救援角色不是以「犧牲自我」的形象出場，而是某種準備好向「英雄」伸出援手、共同承擔英雄主義的力量。因此羅賓漢出獄後，即刻繼續他的「正義之戰」。英雄人物**從無力感中找到自己的內在資源**，這是每個故事裡救援角色的真實涵義。外援實為內有，如同電影「星際大戰」（Star Wars）裡天行者路克所聞：「原力與你的內心同在。」救援你生命力量的，就是此時此刻的你，原本的你。

練習 結交三位巫師

「無助」與「孤立」是心理創傷的經驗核心，而「重獲力量」和「重建關係」是心理復原的經驗核心。

——茱蒂斯・赫曼（Herman），《從創傷到復原》（*Trauma and Recovery*）

當我們不斷陷入童年記憶或受害身分的重演時，無力的經驗會被我們解讀為具有危險性。如此一來，這個故事便永遠無法轉換昇華成英雄故事，而只能是一個混亂的困境。如果我們身處在將「過去場景」攜帶至「現在」的迷惑與移情，就很難吸引救援力量的原型，因為它會引發的只有自憐感或是前來利用你弱點的掠食者。如果移情正向我們襲來，第一個課題便是承認現狀，並對值得信任的某人或心理諮商師表達源於過往的問題，共同加以處理、解決。此時，你所信任的朋友、人生伴侶或諮商師，就是陪伴的存在和救援的力量。

另一個有趣的練習聽來矛盾，卻十分有助益——就是投降。向眼前的三位巫師——軟弱、無助、絕望——投降。首先，試著召喚過去曾經引起上述三種感受的經驗，尤其是那些發生於童年時期的經驗；再來，與那些經驗刻畫出的記憶共處，並且肯定自己已經成年、擁有較過去更豐富資源的事實。進一步，伴隨投降而來的「內在資源」便可供我們自由運用，但不必因三位巫師帶來的情緒而覺得自己是受害者。允許自己徹底體會軟弱、無助、絕望；允許自己一次性地完全感受巫師們的力量。接著在每次感覺襲來時深呼吸，直到我們察覺自己進入軟化、釋放與鬆弛的狀態。無力感的正面表現即是「放下」。

只要接受人生「無助在所難免」的既定現象，不知不覺中，我們就為這些感受改了名字——軟弱不過是尋常無奇的困境。大聲地發出「肯定」的宣言，或是透過每一次深度換氣中靜默地吐息，都能為我們帶來從「投降心理」而生的內在資源。

你將發現，感受本身已向前所未有的可能性完全敞開。你將能由無從得知自己能否掌握的不確定性中，讓感受去感受，讓力量自然湧現。允許自己進入無助、沒有未來的不快中，恰恰是為自己灌注更多意想不到的力量；這是巫師美妙的魔法——換得的果實不是自我厭惡，而是自我信任。我們離開了緊閉心扉與倒數計時（down for the count）的慣性。如同聖經〈聖詠集〉（詩篇）第二十三章記載：「祂領我在可安歇的水邊；祂使我靈魂甦醒。」信任引導我們重組自己，前往靜謐的渡假勝地，為內在能量充電。

以下就是練習摘要：

1. 棲息在軟弱、無助、絕望之中，而非從中撤離。
2. 喚起早期生活經驗帶來的相同感受。
3. 肯定你目前的心智成熟度足以處理你的感受。
4. 承認每一個人類都可能產生類似感受。
5. 在尚未移轉至靜謐的心境前，與你的感受相處。
6. 開發新形態的能量，當能量自然浮現時，接受新世界的供應。
7. 肯定自己面對未來的自我信任感：「我能永遠臣服於內在感受以及隨之而生的新能量。」這是對人類心靈之自我修復、自我重生力量的絕對信任。「肯定」每個當下等同於「使我靈魂甦醒」的「祂」。

這個練習能夠幫助我們整合早期經驗，確實地活在當下。終究，所有無能為力的時時刻刻，不僅能成為可忍受之事，甚至能被安頓。真心相信這些經驗並非人生最終定奪，而是每個人在人生之路上本應經歷的插曲。經歷過一切後，我們將能：

- 以正念覺察（不抱有怪罪心或羞辱感）。
- 以慈愛的態度對待自己。
- 願意向支援的力量敞開心扉。
- 當宇宙賜予獲取力量的契機時，修復自己；而自我練習與自我實踐將能誘發這樣的契機。

練習　卸下「受害者」的身分

畫一個倒過來的正三角形，在底端寫下「受害者」三個字，在頂邊左端寫下「加害者」、頂邊右端寫下「戰鬥者」。「受害者」身處於一個無能為力的位置；「戰鬥者」則不然，他們挺身而出，拒絕讓他人的行為或周遭的影響迫害他們。他們奮力地不放棄自己，與「加害者」站在對等的位置，因而他們不再是被「加害者」攻擊的「受害者」。

問問你自己：這個倒三角形的三角是以何種方式對應你現在的人生？你如何將自我保護與非報復行為結合行事呢？

以下列舉八種可以幫助你成為健康自我戰鬥者的選項：

1. 接受現狀，但並非將其視作打擊，而是將其視作意識覺醒萌芽的機會。

2. 將遺憾重新改造為人生教誨，提供我們學習面對、處理將來生命課題的機會，而非對過往之過的定奪。
3. 理解遺憾本身同樣擁有另一個「健康的替代選項」：哀悼、必要時彌補以及自我寬恕。遺憾意味著反覆的悲傷，如果哀悼的工作未能充分完成，難以了結的情緒就會不斷以遺憾的情緒重返，成為我們心中一位令人不悅的熟客。
4. 在處理任何人生問題時，站在有力的位置，不要成為等待施捨的弱勢孩童（需要依賴的模式）。
5. 對旁人說「支持我」，而非「替我做」。
6. 改變「成功」的定義：量力而為即是成功，毋須完全達成目標。
7. 願意為了維持真誠的原則而失去面子：你可能會失掉一些一般定義的「好東西」（goodies），但你不會失掉良善（goodness）—相形之下，前者微不足道。
8. 放下所有在當下無法誘發你自身力量萌芽，或是阻礙你導向真實生活、接受真實使命、擁有完整「身分認同」的事物。

不妨利用以上清單，作為探索自己「現有之健康戰鬥力」和辨識自己「現應耕耘之心理區塊」的檢視。

安東尼：來吧，為了治癒我的傷……

克里奧佩托拉：我的荒蕪已開始換得一個更好的生命。

——莎士比亞，《安東尼與克里奧佩托拉》

練習　面對自我的正面方法

本段在討論適合夫妻、情侶或朋友之間心理練習的方法，此方法結合了「正念」與「慈愛」兩個面向。其中一方可以先提問：「你喜愛自己的什麼特質呢？」被問方要全然真誠地作答，逐項列舉他喜愛自己的哪些特質，以及對他而言哪些特質是正確的。當被問方列舉不出更多項目時，就輪到他成為提問方，而另一方同樣必須坦誠作答，同樣必須進行到無法再多加補充任何一項為止。這個過程中要避免批判、羞恥、謙讓的態度，真誠即可。

這不是吹牛大賽，而是慈愛練習的首部曲：欣賞並關愛自己。另一方只需要專注傾聽（維持眼神接觸），不需要提供評論。這便是正念的傾聽，抽離了批判或嘲笑。接著雙方互換，重複練習。

如果你們在這項練習中感到尷尬，是很自然的。但這項練習不會停在第一步驟，它將有助你們之後的討論。對承認自己的「可愛之處」所感到的害怕，將會指引你找到自我信任的能力；而如果你是對「四目交接地傾聽另一方」有所擔心，你正在同時直視你對親密程度的恐懼。

反覆地練習，直到無論氣氛有多尷尬我們都仍能依循規則時，雙方的自我便能獲得釋放與解脫。然後，你將發現它是多麼有效。

第7章

信任的核心：信任我們的生命實相

大驚大險莫過於：
相信凡遭遇之事，
皆為成就我之所需。

——西元八世紀中國詩人

本章開始討論信任最核心之處，同時也是信任的各個方向中最具挑戰性的部分。信任的核心即是信任人生原貌，信任人生本是條值得信任的道路，一條通往愛、智慧與自癒能力的轉化之路。這是對赤裸裸的現實最根本也最本質的信任。我們應該相信「生命實相」本身對我們的生命是「恰到好處」的，因為我們信賴它將賦予我們成長與靈性覺醒的機會。

信任的核心即是「臣服於現實」，這不僅是心智上理性的表現，更是靈性的寶藏。此時，現實人生已成為「神聖」、「潛在轉化作用」和「宇宙永續力」的代名詞。

信任的核心也是對當下困境抱以肯定的態度，肯定「生命」是打造自我信任、滋長愛以及減緩恐懼、提升智慧與慈悲的完美成分。信任的核心是建立在生命展開的形式、帶來成長契機事件間的同步性，其中的涵義為信任我們身處的宇宙中可能會發生令人哀傷的事，但它並不會「刻意」傷害我們。一切未必盡如人意，但能與我們的需求一致。信任的核心代表一種確定的相信，如同相信氣候變幻般，儘管無常難免，卻終將幫助我們成長，終將為我們敞開一條能在智慧與愛中前進的道路。

有時，成長本身自然而然地就發生了；有時，成長需要我們運用一些技巧推它一把。這種信任之所以為核心，是因為它源於信任自己的內在核心；而這份**人性尊嚴的禮物來自宇宙**。這種信任是**一種能力，一種修補裂痕**、**撫育成長的傾向**，無論經歷何等痛苦、何等負面的事情，人類依舊能將其化為對生命有益處的良善種子。換句話說，宇宙對人類終將是友善、有利的，並且提供適合豐沛之愛、智慧與療癒能力的轉化環境。因此，世間無一人事物是全然負面的。因為萬事萬物皆能在透過「信任核心」以後轉換昇華。早在聖經裡，人類即可見到這樣的可能性，經文中以「神」來形容「核心」：「你們原有意對我作的惡事，神卻有意使之變成好事。」（創世紀 50:20）

控制 vs. 接納

充滿恐懼和懷疑的「自我」往往會與「生命經驗」挑起一場衝突，因為「自我」所要求的是擁有一個完美的世界，並認為這是它天生該得的。因此，「自我」會試圖改造生命實相的形狀、試圖取回對生命的掌控權；接著，對生命實相的恐懼便佔據了對生命實相的信任。如果「自我」處於如此狀態下，我們就無法相信此時此刻的困境及痛楚正好提供了成長所需的養分。信任的核心是對各式各樣我們面臨的現況抱以無條件肯定的態度，現況之所以值得信賴，是因為它的出現即是我們運用正念與慈愛的大好機會——覺悟的大好機會。無條件的肯定在信任核心的田園裡盛開，它不再被視為單純的「接受生命實相」，也不屬於任何二元論。它不代表「我對此事投降了」的心態，而是「我本身就是這次經驗的充分肯定」。此時正念綻放，靈性的滿足就在眼前。

心理成長可以幫助我們。控制行為是一種無條件的否定——拒絕接納、抗拒與我們的困境合一——也是一種固執堅持「自我可以掌控一切生命實相」的態度。然而，控制行為的介入卻不見得一定是壞的，如果是控制的健康面向，有時「自我」可當作在生命實相世界中**有所作為的可能性**。例如我們發覺有些事可經由合理的努力而改變，於是讓自己變得勇敢，以改變事情，使其變得更好；同時我們也發覺自己需要旁人支持，並以尊重對方的方式開口求援。因此，健康的自我架構了勝任感（a sense of mastery）和有效的關係（effective bonding）：「我可以主動出擊，並能充分表達自己的需求——這些都是滿足需求的資源。」健康的「有所作為」使我們具備在生命實相中的執行力（agency），並能有效地與人相互連結。這是和「極端控制、操縱或需索無度以滿足個人需求」完全相反的面向。

企圖控制生命實相的需求，其實根本不是需求，它只是一種恐慌——一種對於「要是無法完全掌握態勢，需求便會無法滿足」的恐慌。在「十二康復步驟」中，再三強調「尋求平靜」的祈禱極為重要：「願上主賜我平靜，接受我無法改變的事；願上主賜我勇氣，改變我能改變的事；願上主賜我智慧，明辨兩者的差異。」

如果一味尋求控制，我們便無法獲得「明辨兩者差異的智慧」，這種強迫傾向可能早在孩童階段就因照顧者未能及時或精準地滿足我們的需求，而顯現出徵兆。一旦人們注意到生命的發展無法永遠確保心中所需的「安全感」，控制欲即開始萌芽。事實上，我們的生理需求或許已獲得充分滿足，我們擁有足夠的擁抱、足夠的照顧；然而觸碰到心理層面時，我們對情緒或自身特有需求的「關注需索」卻永無止境。沒有任何一個供應溫暖和安全感的環境是百分之一百完美的。有些人因此發展出控制欲，並對需求滿足感到恐慌；有些人則能在毋須發展出控制欲的情形下，合理且有效地自我滿足。

極端的控制需求，來自於我們需要強迫性地確認需求能被滿足——這可追溯自童年期。不知何時起，我們不再依賴他人對需求的回應，也不再相信生命自然的走向，同時我們對自己要靠正常生活來帶來滿足而感到絕望。因此，我們開始堅持自己的處事方式。這種出於恐懼的控制欲漸漸內化為自我的一部分、成為我們呈現出來的模樣、甚至變成我們的「身分」。如果真是如此，很不幸地，我們恰好朝著通往信任核心之路的反方向前進。

企圖在驚惶恐懼的「自我」以及它所編撰的生命劇本中尋求安全感，註定使我們走向絕望，並且無法信任自己內在真實的力量。生命的現實有兩種：需求「獲得滿足」或者「難以獲得滿足」。儘管許多事情超出我們的掌控，但無論如何，我們必能存活下來。事實上，養成自己**在任何情境下皆得以生存的能力**，比起滿足需求更富生命成長的意義。因為這份能力，使我們得以運用非操弄的方式，找到滿足需求的途徑。當我們從對他人的失望中成長，或是願意相信自己的需求總有一天會實現時，我們正將自己置身於絕佳的生存位置。這需要信任的核心——它既是絕望的解藥，亦是免於控制強迫心理的終極自由。此時，真實的力量在眼前展現，任憑接下來迎接我們的生命故事為何，我們都有本事面對。最終，我們意識到「自我」並非萬能，在生命的變動之前，它不過是微不足道的存在；由此，謙卑誕生。

此外，完全依賴自我，反映出對生命的不信任。由於我們捨棄了任何超越自我的力量，因此我們相信「自我」是生命唯一的託付。因為僅剩自我，所以我們感到孤立無援；這不是對生命實相的呈現，而是「自我的欲望」與「天命」之間的缺口，而我們的天命，是接受我們與人事物接觸時所帶來的意識增長機會。

這個缺口是「控制的自我」與「完整的真我」之間的空間，它會造成許多錯覺，包括：「我們若不親手建構，就會沒有立足之地」、「我們若不親手編織，萬一失足就會少了安全網」或「若不親手豎立支柱，便會失去倚靠」等等。因此，跌入缺口猶如無窮盡的墜落，進而導致我們需要更強烈的掌控感。我們害怕放手之後會跌入深不見底的生命實相中，卻忘了它其實是一堂教導我們如何自由飛翔的課程。

如前述，謙卑是源自於我們體認到「自我無力推翻既定事實」與「自我非萬能」。這是一個純粹肯定生命實相的態度，也是探索靈性的起點。坦然接受萬物無常且必有終點的真相，因而我們放棄阻止，因而我們謙卑。試著不去扭轉生命劇情，向它的天經地義投降；如同我們即使發現他人未必對我們真誠或慈愛，我們依舊選擇真誠與慈愛以待一般。而痛苦來臨時，我們從韌性應對的過程之中必能有所收獲。

世間之事不是「為了」讓我們學習什麼而發生的，真正的信任核心是指：世間之事發生，「而」我們能夠從中學習。如果沒有附加這句話，以上所描述的一切聽來可能十分迷信。信任核心是具體的機會，而非無形的生命意義。「相信凡事都是最好的安排」是種迷信，因為它不算明智的信任，它僅是一份盼望。信任的核心是相信自己無論歷經什麼事情，都能充分地善用機會，因為我們的信任是存在於每個人的「內在」，而非存在於我們認為全世界都該配合我們的應得特權之中。然而可以確信的是，**世間之事總能給予我們一個機會——自我成長的機會**。

因此，「信任生命實相」其實與「宿命論」相違背。信任核心不會縱容我們以被動的姿態面對邪惡，也不會貶抑我們投入改變惡行或與不公不義對抗的價值。**我們不停地尋求改變的勇氣，以改變「能改變的事」；於此同時，對於無法改變的事，我們則是坦然接受**。這樣的作為不代表「放棄」，反而是「更加貼近」超出我們控制的生命實相。

以此為出發點，我們不再是改變事物的掌控者，而是「執行者」（agents of change）。我們在不刻意強求的狀況下，有效地使自己或旁人得到更好的生活。「執行感」（This sense of agency）是勝於「掌控」的健康選擇；而缺乏信任的核心，我們手中就少了替代選項，只得繼續掌控。過去我們一度被迫相信，一旦自己放下控制，周遭所有必將徹底瓦解。但矛盾的是，我們發現，在我們放棄與生命的洪流抵抗並放棄在其中加入自己的議題時，信任反而變得唾手可得。我們注意到當我們成為見機行事的改變執行者時，自己的壓力就減輕了。我們不再仿效灰姑娘的姐姐們，將自己的雙足硬塞入不合腳的鞋中；同樣地，我們不再企圖將生命實相扭曲形狀，硬塞入自身盼望的框架裡。我們不是以願望的模具來限制生命實相。我們不再像灰姑娘的兩個姐姐，試圖將自己的腳塞進鞋中。

缺乏信任核心，我們可能會質疑自己身處的環境是否真如美國詩人羅伯特・弗羅斯特（Robert Frost）的形容：「是一個能夠愛與被愛的環境。」缺乏信任核心，我們無法鬆開緊握的手，任生命實相自行展卷；我們必須時時保持警惕，被迫修正或改變它，擔憂它無法滿足我們對安全感的渴望。反之，一旦擁有了信任核心，我們必定可以相信：凡事都能滿足我們對完整的生命（wholeness）根深柢固的渴望。因此，我們生命中的一切經歷，無論是人或事，正好是每個人獨特的生命故事所需要的題材。換句話說，原本不屬於我們生命故事題材的，永遠不會發生在我們身上。這樣的信任，為我們帶來了無畏之心與友善的世界。

我說我們的傷口纏繞
一圈接著一圈的憐憫
彷佛空氣包圍……

——霍普金斯，〈受祝福的處女相對於我們呼吸的空氣〉
（The Blessed Virgin Compared to the Air We Breathe）

與生命實相的共鳴

信任生命實相，能夠彰顯一件事，便是生命事件與我們內在真實的本質實為一體，並無二致。在中世紀，這稱之為「一元世界」（the unus mundus）——包含精神與物質的世界、內在與外在的世界——一個生命實相的多種面向，在此處，大自然和神聖性或人性本質相同。回顧歷史，人類向來被要求信任世界而非信任自己，但矛盾的是，信任世界的真義其實正是信任內在的自己。對改變、修正、重組生命實相的需要，是不信任自己「身為人的本質」的訊號。每一次未雨綢繆的封艙行動，都是生命完整浮現的干擾。

出於良善本意地向生命實相屈服，不代表我們不會受傷，只是這樣的受傷能幫助我們更加活在當下，並成為轉化的助力，也教導我們學習如何去同理、去憐憫。我們的問題、故事或衝突，都是帶領我們走向開悟的重要工具。這也是佛家精神的意涵所指——根據佛教法理，我們不應沉溺於好惡之情，相反地，我們屈就現實、隨遇而安，不帶偏袒地相信，把生命中發生的每個事件視為令開悟之光照耀進來的正確方式。若是用5A原則來因應每個當下，那就表示我們真正向生命實相屈服。能讓我們坦然面對無法改變的生命實相的5A包含：關注、接納、欣賞、情感、容許。

屈服並不會造成認輸或慘敗的結果，而是安然地接受，如同莎士比亞所說的：「如情人的捏擰一般，令人疼痛卻也令人渴求。」如今，我們看到「真我」的勇氣其實遠比有模有樣的「自我」更有力量。但這不代表「自我」無用，而是此刻的「自我」可以享受與真我並肩的新姿態——「自我」終可放鬆並離開那費勁過度的崗位，在生命實相的懷抱中休憩。隨之而來的滿足的「自我」即為平衡的環境，所以我們最終發現，我們的自我一直想要的其實是，無論外在風雨交加，我們的內在一直保持寧靜與安全，以擁抱周遭世界所賜予的一切。

我們的信任核心能產生平靜的恆久不變，這是一種給人力量的寧靜。掌控生命實相的反義是在安全感中歇息，並且對於即將發生的事情保持警醒。現在我們可以帶著我們的安全感和執行力進入任何經驗並且經歷它，即使我們很害怕。對未知的驚恐將轉化為寬廣，使我們不覺得是被拋棄，而是被接納。開啟生命實相是要轉向它，並信任它會在同一時刻給我們更大的空間。但丁在《神曲》中表現了這種信任：「無盡的良善有如此寬廣的雙臂，以致它將凡是轉向它的帶走。」

以上這些美好之事都會發生，只要我們放棄控制、坦然地做好準備、接受一切事物直到它轉化昇華。這是至高無上的理解，是我們如嬰兒時期般自行發現的，而不是從別人那裡等待來的。它使我們調到我們最真的本性、我們的靈性，超越了自我，與在任何當下面對我們的生命實相是一體且一致的。

我們被開啟的靈性原本就一直存活在我們內心，超越個人的極限。我們的靈性操練與努力，便是希望能將這被開啟的天性展現於我們的日常生活中，使原來的本質性與潛在性的良善與智慧能成為實際的存在。舉例來說，我們原本、也一直就是聰明的，但我們需要勤勉用功的學習，才能以某種方式啟動這份天賦。我們已擁有所需的內在，但唯有與外在配合才能夠喚醒它。

過去與未來是心理的建構。每當我們回到當下，我們可以感受到與以前時間的連貫。漸漸地，所有這些當下的時刻串連起來，於是我們便感覺只有一個連續的當下。這就是為什麼靈性操練要反覆地練習返回此刻的當下。我們的本性也有此傾向，這來自於人類穴居時期活在當下的求生本能。

擁有信任的核心，會產生一個非常驚人的結果：對於我們自己生命的關注力與好奇心的提升。我們對痛苦的關注會變得大過於尋求解脫它的渴望。讓我們驚奇的是，我們會看到使我們自己特別感到痛苦的是什麼，以及它是如何對我們及他人產生益處。

當我們發現「信任」早已存在於我們內在，我們也能靠著它面對任何生活中的任何可能事件（甚至包括我們的痛苦）時，那我們便是在「信心」中成長了。這比增進我們的逃避能力或減弱生命實相的痛擊都要來得正面。我們不再熱切於、也受擾於我們的痛苦經歷，反而能勇敢地迎向它們。事實上，從我們想要控制痛苦的欲望中解脫，正是療癒的一體兩面。這是單純感受生命實相的專注。

過去我們所有的規避與附加，到如今，都只成了顯示在眼前的抵抗力與耐性：「當我放棄嘗試執導這齣戲，而是轉為持續看它如何發展，我自己也顯現開來了。與自我的形式相比，我對於形成個體外在的因素更感興趣。想像看看，我花了一輩子時間預演一個我在高中學校話劇中的小角色，但其實星際大戰的主角正在等著我！」

純粹經驗「如是生命」（as it is）喚醒的是我們的力量，而非「受害感」（sense of viztimzation）。我們不再以生命中的事件來哀嘆我們的命運、渲染我們的故事、擴展我們的自我控制，我們只是泰然面對當下並感受當下，而不急於用膨脹的自我的手迫切而狡猾地想取得掌控。

我在寫書的同時也發生了許多同步性的巧合。例如，在寫完以上段落的隔天晚上，我看了一九六一年的一部電影「亂點鴛鴦譜」（The Misfits）。我很驚喜地聽到一個關於我想闡述對於信任核心的簡單又明瞭的例子：蒙哥馬利克利夫特對瑪麗蓮夢露問道：「你信賴的是什麼?」她的回答是：「下一件即將發生的事。」這是個對於即將開展之事的深奧表達，暗示我們能夠對生命實相抱持良善與不斷展開的信念。既然這也是我們註定要做的，那麼人類的任務就是單純地跟隨發生的事，坐在馬鞍上照著馬匹前進的方向，與生命實相調和。我們可能還需要在瑪麗蓮夢露的智慧之語再加注唯一的警告，便是：對於隨之而來的一切的開放態度，可能也代表了洞察力的缺乏與界線的失去。這是信任感受性的陰暗面。智慧要我們能坦然面對發生的事情，並要能區別什麼是生命能接納的。

最後，讚揚生命實相和諧之餘，我們不能忽視或低估了因與生命實相不和諧而產生的創造力。義大利詩人尤金尼奧・蒙塔萊（Eugenio Montale）寫道：「我一直與生命實相共處地不和諧，而這不和諧一直是我的靈感來源。」這是一直處在生命的邊緣而非主流的我們所深知的天賦。然而，我們也同時發覺邊緣未必代表失敗，它也能成為「忠於現實」的前導站。

練習　忠於自己

人類的天性本就包含感受一切苦或樂的可能性，每一次感受升起，都是我們迎接它、回應它的開端。

當我們與某個感受共處時，相對的感受即會隨之而來。舉例來說，在覺得「我好孤獨」的當下，我們可能會墜入與世隔絕的黑暗深淵裡；接著，陽光一點一滴照射進來，我們又「重新進入這個世界、重新與這個世界產生連結」——這是與孤獨相對的感受。每一個人都能賦予個體經驗主權，而在以下的練習中，我將提出將其應用至某個特定情況的方法。

經歷孤獨的同時，你可能已經在無意識下採取某些「內在」或「外在」行動了。因應的思緒或具體行為已經成形：或許你正質疑為什麼其他人不想與你相伴，或許你進一步聯想到童年時期的經驗。於是你再次確認了自己習慣性的想法：「我是個受害者，是個不值得被愛的受害者。」

或許你將因此感到焦慮與恐懼，你擔心自己會沉溺於當下的感受中，什麼也不做，情況會更加惡化（事實上，情況惡化的原因出在你編織的劇情與習慣性的想法，而非孤獨本身）。

驚慌之餘，你選擇了成癮行為，撥通電話跟朋友聊八卦、打開電視（將其當作一種陪伴）或是大啖一番——總之，做些以往有助於你逃避現狀的事情。

然而，你其實可以試著與「孤獨」這位魔鬼交朋友。運用一個乍聽之下有點嚇人的簡單技巧，你便可以與任何一位魔鬼交朋友：

1. 定格自己：當任何一種感受或心態湧現時，先在原處靜止不動。
2. 允許自己充分地體驗現在的感受、與經驗充分共處，並且盡可能地挑戰自己的忍耐上限。
3. 以較為正面的方式緩衝自己，不編織劇情、不附加習慣性想法、不與癮頭相互聯結，做一些能夠滋養自己的事，例如：到自然環境中散個步、讀／寫一首詩、改吃些對健康有益的食物（吃個水果或喝杯茶）等。這些行為相對充實，也較少逃避生命實相的成分。

4. 上述步驟全都做過以後，如果你仍然想要採用以往習慣的緩衝和分散注意力的方式，再轉向它們。

每一個允許自己純粹感受的當下，都在大幅提升我們信任內在感受的程度，以及自在面對自己、友善處理眼前經驗的能力。最後你會發現，**單純地和自己共處，與逃入緩衝相較，有趣得多**。慣用的劇情、想法或行動，其實都有礙於經驗的體會，都是不必要的（或根本只是消遣罷了）。進入生命實相的深處，毋須驚惶遠離。

之後，你會滿心喜悅地信任整個宇宙，以及你可信賴的內在資源。所有你曾認為無論如何都必須避免的情緒和困境，全將化為實踐人生與自我成長的機會。我們的思維模式將從「擺脫」轉為「處理」。孤獨或其他生命即將到來的一切都會變成真實的體驗，因為我們不再受困於恐懼之中，而魔鬼搖身一變，成了盟友。

日本禪詩詩人西行法師（Saigyo）在陋室獨居一段時日之後寫下：

若非孤獨存在，
此地不堪忍受。

信任的四個方向

信任可以流往四個方向：自己、他人、生命實相和靈性力量。換句話說，信任的形式包含：自我信任、人際信任、信任核心（相信生命實相）以及信仰（相信靈性力量）。如果流往四個方向的信任不平均，將導致某項信任形式承受過大壓力；例如難以信任他人的結果，可能是將過多壓力加諸至自我信任。因此，對每個人而言，最重大的挑戰便是如何平衡四個信任的車輪。

自我信任：相信自己所擁有的身心是一副最合適的工具，能幫助我們向心理／靈性健康的生活方式前進。自我信任等同於自我尊重。自我信任可同時表現在對其他人的信任態度上：一個相信自己的人，能在旁人值得我們信賴時心存感激地接受付出，也能在旁人失信於我們時以穩定的情緒面對，而不會採取報復行動。因此，自我信任的前提為平靜的心理狀態，意即有能力維持態度與感受的柔軟度，妥善消化負面情緒或是生命困境。平靜與「值得仰賴的內在」相似，而向自己許下「絕不報復他人」的人生承諾，將會換來實踐慈愛過後的靈性成長。此種承諾是信任尋求非暴力手段之教導智慧的指標。

人際信任：相信其他人由衷地重視我們的最大利益。我們相信旁人會在我們需要時協助我們、支持我們、陪伴我們；我們相信旁人不會蓄意或在知情狀況下背叛我們、欺騙我們、傷害我們或使我們失望。萬一我們對某人的信任真的破裂，我們相信己身有能力透過釋放悲傷或尋求和解的方式，視情況處理之。

相信生命實相：意味著我們相信無論生命中發生何事，即使超出我們的控制，依舊能提供我們獨一無二的成長契機。這與向不公不義之事低頭的意義不同，這是指當生命實相無法改變時，我們能夠適應（調整自己），並且對其中隱含的學習機會抱以熱忱。相信生命實相就是相信宇宙間的萬事萬物正在協助我們成長、前進。從這份信任之中，我們不再將周遭情境與人生困境視為「路障」，而是將其視為承載我們前往更佳特質、深度與慈悲的「運輸工具」，而這趟旅途中的崎嶇顛簸，都只是助力。對於生命實相毫無保留地接受，是學會相信生命實相的方法，接著我們將準備好去改變「能改變的事」，明辨「能夠改變」與「無法改變」之間的差異。

信任靈性力量：就是信仰每個人心目中的「神」，或任何大自然及宇宙間超越自我的力量和精神存在——那永遠是值得我們仰賴的恩典和支持。相信眾生皆俱有佛性或神性（即清明的中心），是指信任每一個人都擁有基本的良善、慈愛以及清明的智慧與平靜——這是每個人內心潛在的特質，隨時等待我們去挖掘、去實現。將這些潛在特質充分啟動後，它們將化為實際的力量，或是我們在面對各種人事物與生命的處境時所擁有的內在資源。

臣服於神的意志，是「宗教版」的信任核心。如同〈天主經〉（主禱文）中「願爾旨承行」（Thy will be done，意謂「願祢的旨意承行在人間」）這一句所形容的，基本上等同於相信生命實相。榮格曾在弗德里克・桑斯（Frederick Sands）死前不久與之對談，在對談中榮格提到：「我借用『神』一詞指代我所有那些激烈而叵測的命運——它們更改我的計劃和意向、改變我的生活道路——無論使之變得更好或更壞。」這段話中，神就是生命實相。因此，信任核心與信任靈性力量的本質別無二致。

類似的論述也出現於當代神學家多默・基廷神父（Thomas Keating）的著作《敞開心胸、打開心靈》（*Open Mind, Open Heart*）中，他談到：「無間的祈禱既是覺察天主無間的臨在，是極自然的生命實相。」承此觀點，我們相信發生在生命裡的事宛若神聖之事般展開，並於日常生活的一點一滴之中體現；神也不再是某個實體或分離的存在，而是超越自我的內在現實。此時，套一句「戒酒無名會」的話：「靈性的力量化為『毋須懷疑的內在資源』。」

從成年人的角度來看，「信任靈性的力量」即是將自己交付給一個信念，一個極度振奮人心的信念：相信所有可能發生的一切，無論如何都無法阻止我們前去尋找生命的意義或實踐生命的成就。此信念其中的含義未必是「宿命」或「安排」（干涉）存在，而是人生所有遭遇的難題以及難題本身，都在提供我們進化與蛻變的可能性。儘管邪惡和仇恨的力量充滿威脅，我們仍有辦法掙脫它們。因此，信任靈性力量等於相信世上沒有阻力能妨礙我們去愛，或綁架我們成為仇恨的奴隸。這同時也是為什麼許多成年人將恆久的信仰當作一種人生任務。我們必須為開啟那「不可逃避、不斷喧囂的潛能」負起責任，它與停滯不動、害怕前進的力量恰好對立。當然，信仰的某部分是在相信我們能夠擁有「協助或啟動的恩典」，因此能為我們帶來無比的希望。

最後，我想總結前面各章節提及的課題，並討論它們與四個信任方向的關聯：

☆在童年階段，我們從以下五種元素學習信任

1. 與值得信賴的照顧者產生連結。
2. 從照顧者身上產生鏡映的感受與情緒。
3. 接受到5A的愛（關注、接納、欣賞、情感、容許）。
4. 感到困惑或受威脅時，從某人身上尋找到一處蘊含著力量與智慧的避風港。
5. 從某個臨危不亂的榜樣中尋求安全感。

上述五項均能以可靠、包容、彈性且令人放心的方式，使我們獲得安全感。

☆相同的元素也可建立我們的自我信任與人際信任

1. 與值得信賴的伴侶或朋友產生連結，並從中感受到支持。
2. 從伴侶或朋友身上產生鏡映的感受與情緒。
3. 接受到5A的愛，並以同樣的方式理解、對待自己。

4. 感到困惑或受威脅時，從己身所蘊含的力量與智慧尋找一處避風港（尤其是心靈豐盈與內在平靜的所在之處）。
5. 相信自己與伴侶或朋友之間可互為彼此的避風港，以信心表現出相應的行為。

☆這些元素還能進一步組成信任生命實相和信任靈性力量的成分

1. 與一切眾生產生慈愛的連結。
2. 向他人展現同理心與慈悲心，並從超越自我的力量之中感受這些特質。
3. 理解生命中既定的事實並向其臣服，並從超越自我的力量之中感受到「被理解」。
4. 從正念和內在平靜帶來的力量與智慧中尋找一處避風港（尤其是從自然體會或神秘經驗中）。
5. 以良善和正直的態度行事，如此一來，每一個人都可互為彼此的避風港。

練習　運用信任的指南針

檢視你與四種信任的關係為何：首先，畫一個象徵信任圖像的指南針，以便確認你目前在人生之旅中的位置。

▼在指南針的正中央寫下「我信任」

▼在指南針的東方寫下「自己」

▼在指南針的西方寫下「他人」

▼在指南針的南方寫下「生命實相」、「無論發生何事」或「即將來到的生命事件」

▼在指南針的北方寫下任何對你而言表示「神或靈性力量」的詞彙

從指南針的正中央朝東西南北四個方向畫箭頭，其中水平橫向代表「人」、垂直縱向代表「超越自身控制能力的力量」。

接下來，由橫線與直線交錯分隔而成的四個象限之內畫四條弧線，分別自北方指向東方、東方指向西方、西方指向南方、南方再指回北方。這些指向性的弧線代表信任資源彼此連結的關係，而四條弧線的方向則代表「主要的內在資源」——**每個人終其一生都必須仰賴它**。

想想你最近遭遇的問題或正在擔憂的事情，以及你習以為常的處理方式。試問自己在處理問題（或整體人生）時，對自己、他人、生命實相與靈性力量的信任度。請按照以下列舉之項目作答，接著讓答案「自行啟動」你的思緒或感受，以便反映更加充分而有效的資源運用方式。將此時浮現於腦海中的一切當作盟友，當作幫助你轉化、催促你成功、指導你成為最好的自己、支持你自我發現的盟友。

這些協助的力量包括：

☆自我信任

1. 你從自己的身／心中發掘出什麼資源，而你該如何更有效地運用它們？
2. 當你面臨挑戰、需要採取行動時，你能仰賴自己到何等程度？
3. 你信任自己身上具備有何種特質、技能和美德？
4. 對於這個信任課題，在你停下來仔細思考它，並在你準備好時提出、解決它時，你願意許下何種承諾？

☆人際信任

1. 你願意向伴侶或親友尋求何種協助和支持（尋求協助是學習信任的方式之一，獲得他人實質的協助和支持則是自我價值不安全感的終點）？
2. 在尋求伴侶或親友的協助時，你會如何開口？
3. 假設他人沒有前來支援你，你打算如何處理心中的失望？
4. 若你對開口尋求他人協助感到恐懼或尷尬，你能先向自己承認內心的恐懼嗎？如果答案為是，你能進一步向親友承認你的恐懼嗎？你能允許自己充分感受這份恐懼，並且不受其驅使或阻礙嗎？

☆信任核心

1. 面對眼前發生的事，你會用什麼方式無條件地肯定它，使自己在發現無法改變它時平靜以待？
2. 面對眼前發生的事，你會用什麼方式無條件地肯定它，使自己在發現能夠改變它時擁有勇氣？
3. 你會用什麼方式無條件地肯定內在智慧，使自己能明辨「能夠改變」與「無法改變」之間的差異？
4. 向自己許下承諾，願意不斷去尋求「相信宇宙」所帶來的助力，使自己能相信宇宙可以提供我們自我成長、累積智慧的機會；相信當下的問題可以促使自我前進，並且相信從中你將能汲取更多自尊與對他人的愛。

☆信仰

1. 若與你的信仰架構互不衝突，不妨運用全心奉獻和祈禱的方式建立「自己」與「神或其他靈性力量」的連結。
2. 接著，想像自己心臟的位置存在著一股絕對得以仰賴的泉源，湧出無條件的愛、智慧與療癒力量，再試著想像自己在承擔問題時，手裡握有無條件的愛、智慧與療癒力量。

3. 試著想像你在當下以及每一個處理和化解問題的階段，都有象徵愛、智慧和療癒力量的天使、聖人或是佛陀正在陪伴你、關照你。如果上述這些「古老的信仰象徵」不適合你，請改用任何對你有助益的方式。

4. 向上天請求恩典，能用同步性、夢境、直覺或其他非自我形塑的方式傳達來讓你知曉，讓你信任這些訊息。

☆建立這四個方向的信任並予以肯定

盼望我能藉由賦予自己5A（關注、接納、欣賞、情感、容許），使「自我信任」逐漸成長。

盼望我能透過尋求他人支援、欣賞對方回應的方式，以及在對方令我失望時免於責怪或懲罰，使「人際信任」逐漸成長。

盼望我能善用泰然接受當下的態度與幽默感，使我處於人生困境時「信任核心」可逐漸成長，引領我往完整性（wholeness）和崇高靈性意識的路途前進。

盼望我能持續信任一份源於超越自我之力量的恩典。

盼望我能覺察到這份力量時時刻刻與我同在。

盼望我能感受到這份力量是如何地引領我、守護我、撫慰我和鼓勵我。

盼望我能在堅定的信仰中成長，信仰宇宙的力量無所不在，並且關心眾生的發展。

盼望我能對生命各種因緣際會心存感恩。

如今，我理解「我不畏懼任何邪惡，因祢與我同在」這句話不僅適用於對靈性力量的理解，也是用於四種信任資源：

我不畏懼任何邪惡，因我與我同在。

我不畏懼任何邪惡，因你們與我同在。

我不畏懼任何邪惡，因宇宙與我同在。

☆將肯定延伸至慈愛的實踐

盼望全世界每一個與我感受同樣擔憂和歷經同樣危機的人，或是正以相同形式受苦的人，都能從中獲益。盼望我的進展也是他們的進展。

盼望我能信任自己無論遭遇何事都不會失去愛的能力，盼望我能永遠記住生命最要緊的事莫過於此。

在盼望之中加上回顧與反省，提醒自己世界各地有許多人正承擔著同樣的磨難，這能使我們練習拋下「認為自己所受的苦是獨一無二」的思維。「四海之內皆兄弟」的感受將引導我們「肯定」宇宙既成之苦。從兄弟之情中，我們自「孤獨的受害者」的苦中解脫自己。

因此「苦」其實可定義作「超越生命實相」的經驗，因為苦的源頭是人類受困在自行創造的二元思維裡，並時時引頸期待「與現況不同」的事物發生。一言以蔽之即是——無法活在當下。一旦放下自行創造的思維框架，純粹體會活著的感受，你將發現，所謂的苦不過是當下的一部分，僅此而已。

第8章

信任靈性的力量

良善的基本核心是「真我」……接受我們的良善，是靈性之旅中偉大的突破。神與真我不可分離。儘管我們不是神，但真我卻是神。

——多默．基廷，《敞開心胸、打開心靈》

本書到目前為止已詳述了自我信任、人際信任、信任核心的本質，現在輪到討論「信仰」——對「神」或「靈性力量」的信任議題。我們該以什麼方式建立對於靈性力量的成熟且明智的信任呢？

信仰一般多被描述為對「無形支持」的仰賴，當信任開始強調超然且至高無上的存在時，信任與信仰便逐漸靠近。

宗教信仰相當大的程度是建立在童年時期照顧者（雙親）帶給我們的信任經驗之上。在學會語言以前，每個孩童都覺得某位前來協助我們、甚至在我們表達需求以前就已知曉我們的成人，擁有一股神秘且有力的信任來源包圍著我們、為我們帶來利益。這使我們在日後自然而然地相信，生命中發生的事必定也對我們沒有敵意，而更進一步，我們會信任「所有環繞我們的」都是值得仰賴的力量。

然而，如果在童年階段缺乏可以仰賴的環境，其中甚至充滿暴力，我們的世界觀就會建立在賞罰分明的基礎之上，這可能造就出爾後我們傾向接受基於「恐懼」的宗教信仰。出於恐懼，我們企圖掌控自己的人生劇情，而無法全然予以肯定。恐懼感與掌控感會導致我們無法擁有信任感，難以相信自己可以得到妥善的照顧。然而，如果我們願意無條件地對信任抱持肯定的態度，就能讓我們在面對任何驚濤駭浪時，為自己帶來心靈的平靜。

生命的早期經驗會影響我們的道德意識，因為它與自我感（sense of self）的穩定程度成正比。我們內在的強韌度是從童年時期即開始累積，最終使我們裝備好堅強的道德觀——不僅能為了更崇高的價值抵禦一時之快的誘惑，還能將愛延伸到至親摯愛以外的人身上、能寬恕和協調、彌補失誤、為對抗不公不義之事挺身而出、真誠且正直地待人處事，以及對我們身處的世界盡一己之責等等。如果家長能夠摒棄威嚇懲處的手段，而以建立孩童自我信任感的方式取而代之，信任或價值觀的教育就更能奏效。能夠信任自己的孩童，長大後才懂得在邪惡之前征服它，而非加入它或否定它。

超越的看顧者

童年時，母親的懷抱是我們對其他人產生信任的第一步；這種全面的融合感（all-compassing merger）同時啟動了我們的超越感（a sense of transcendence），令我們有機會去接受、相信神以及祂的眷顧——一位象徵「超越」的看顧者（雙親）。「父親」象徵著無所不能的力量，為我們帶來被保護感。如果我們在童年經驗中無法獲得對父母及照顧者的信任感，那麼要去相信某個「超越的看顧者」，將會變得困難重重。假設這正是你的人生經驗，那你首先必須學會仰賴自己，才能學會信任親密關係中的另一半，以及你與神／靈性力量／靈性之間的連結關係。

信仰神聖、超越或靈性的力量，不代表你必須「實質」信仰某位神。我們心中定義的神聖力量可以是大自然，或是對人性的希望。諸如此類的感恩與信任，令我們心中能有「身處現世猶如回歸故鄉」的安心感及安全感。相信現世富有意義，就等於相信神聖的存在。羅傑斯與漢默斯坦（Rogers and Hammerstein）在歌曲〈旋轉木馬〉中將此表達得淋漓盡致：「前行，與心中的希望前行，你將永不獨行。」詞中完全沒有提及「神」之類的字眼，但**「希望」即是一種靈性的存在**。

從古至今人類都相信、仰賴某些崇高而神聖的存在，這是可以理解的。正因為「陪伴」如此重要，所以我們需要一個絕對值得信賴的朋友、守護者或是無所不在的伴侶，使我們感受到：雖行經死蔭的幽谷，「有祢與我同在」。到了今日，人類依舊尋覓這樣的陪伴，就連美鈔上都印有「我們信靠神」（In God we trust）的字樣！

起初，神聖的存在看起來或許像一位「待在天空中的男人」，而隨著文明演進，我們對靈性或超然的感受不再需要「人格化」（personified）的形象。神聖的存在依舊，但未必是具象的。對孩童而言，宗教象徵或具象信仰是一種「過渡的」心靈撫慰。信仰始於具體形象（例如：住在天上的神），而在信仰逐漸成熟以後，我們便能看見其隱喻的本質。

人類很快就認知到，「神聖的存在」是我們內在所既有的。當你去體會你的內在存在時，它類似於一種可提供超越己身之可靠支持的泉源。如果你在自己的內心世界尋到慈愛與智慧，你便已挖掘出內在的神聖特質。接著你將見證，這份超然的存在，本就是我們「覺悟的本質」。當你發現愈多內在既有的神奇力量，你就愈能感受到充滿愛、生命力與可信度的本質確實存在。這份內在存在能滿足你對仰賴超越人類力量的需求，它已不是狹隘的自我，而是遼闊的能量。

對神聖女性的信仰，則多與崇拜「大地之母」有關，不一定是信仰一位具體的女神。在古代，母性女神的概念架構在她的兩種特質之上：孕育與吞噬（生與滅）。信仰母性女神的意思是，相信她不僅會撫慰人心，還會在必要時（為了喚起內在覺性）消滅我們的自我。在一個成熟的靈性意識中，我們毋須將「好母親」與「壞母親」分裂成兩體。反之，我們能將兩者整合，看似負面的消滅力量其實是在對過剩的自我發出怒吼，其本質與接納的慈祥母愛無異。信仰崇高的母性形象，在供給我們安撫的同時，也給予我們挑戰。

以前一章所說的來看，我們可以將「信任核心」類比為「信仰」，而「神」則可被看作「我們所接受的生命實相」（given reality）的象徵符號。此時，信任自然而然就成了對生命無條件的肯定；個體與生命經驗融合為一體，分裂感（sense of separateness）隨之煙消雲散。無條件對現實生活的肯定，即是現代心理學版本的「願爾旨得成」。在完全成熟的信仰之中，禱詞不再是二元的對立，而是「我與祢的旨意同在」（I am one with thy will）。依此觀點，我們可以不斷地與神聯繫，而神也變得無所不在，而每一個生命經驗都是一次顯靈或頓悟（an epiphany）。按照佛教的形容是「萬物皆是法」，而根據佛經解釋，法是一種教導我們「看清事物本來面貌以及通往開悟之路」的教育。

將某人視為「完美的典範」，可以稱作「將某人理想化」。接下來我們可以相信：只要我能與這位理想的偶像永遠同在，我們勢必將趨於完美或完整。因此，與理想的父母或靈性　發的導師建立連結，能為我們帶來安全感。這份連結關係將成為我們生命之中安全無虞的「跳板」，其正面的結果是：我們有能力建立明確的人生方向、擁有個人的定性，或是找到自己存在的目的。然而，一旦「理想化」導師或宗教權威變成一種長久的執著和依附時，就變成迷信了。這將導致各種負面影響，包括妨礙獨立發展的實踐以及創意思考。

在制式的宗教結構或系統下，師長或許可以很輕易地贏得孩童的信賴，有時甚至能透過壓抑式的規範對我們加以剝削或下禁令，並且深深刻印在我們的腦海之中。由於此類記憶與完全信任（total trust）相互連結，因此這些教化在我們心中的「保存時間」極長，要推翻它們也會十分費勁。隨著心智成熟度漸增，我們會發現某些靈性導師將自己困在恐懼和消極的態度中，關閉心靈自在遨遊的可能性。但儘管我們已觀察到導師本身的脆弱，卻未必能順利擺脫自己在孩童時期便從對方接收到的宗教教誨，因為教誨居留於我們的潛意識深處。想要從潛意識深處撈出刻印，猶如從深不見底的海洋中撈出一隻渺小的浮游生物。較有效的處理方式，便是清理內在由迷信和恐懼所構成的信仰，放下對師長的怨懟，畢竟他們可能也是可悲、愚昧的受害者。

如果你曾做過一些不光彩的事，終其一生，你的內心也許都殘留著罪惡感或縈繞著待懲感（punishable）。如此深刻的負面感受，就算是神也無力寬恕你。我們根深柢固地相信自己將受到懲罰——即使在我們死後。因為相信「地獄」而造成的恐懼感，與對神的信任感，是兩相對立的。地獄訴說了一個故事：神是永久的折磨，是尚未轉化為英雄的角色，也是沒有找到如何用非暴力手段制服邪惡的力量。在這個故事中，神變成了自認握有報復特權的「自我」，而非無條件的愛。如果神真的能夠全面付出無私的愛，祂不會訴諸「自我」，否則祂便無法確保自己絕不採取報復行動了——因為報復是「自我」最鍾愛的行為之一。此外，生命中的恩典也可能刺激到傲慢的「自我」；感激的概念同樣意味著「自我」的能力有限，所以它會感到被羞辱。信仰包含了相信「寬恕」的恩典，而自我寬恕使我們有機會相信「眾生本善」。因此，「寬恕我們自己」是一種靈性操練。

另外值得注意的是，每個人童年時期最寶貴的能力即為想像力，它是賦予周遭世界「意義」的必要能力。但是，如果我們對想像力的仰賴勝過事實證據，它卻可能是種傷害，信仰亦是如此。信仰來自想像的造就，因此它對我們的精神創造力具有正面影響。想像力是宗教力量的根源，因為信仰是在薄弱的具體證據前、建立於想像之上的信任。然而諷刺的是，某些宗教以教條主義或噱頭簡化了我們的想像力，威嚇我們不應跳脫制式的思考。

想像力的神奇力量，能讓我們在遇到仇恨時依舊相信愛、見到愚昧時依舊相信智慧，或是在傷痛中相信療癒、在死亡中相信生命。擁有健康的信仰，其實正是站在想像力的頂峰。海盜尋找的寶藏就埋藏在靈性認知裡——一個豐足的自己與自我信任、人際信任、信任核心與信仰。

渴求生命的意義

當自我實現的路走到盡頭，將與人類存在之自我超越的特質產生矛盾……唯有在世間履行意義並到達某個程度，才算是真正的自我實現。

——維克多・弗蘭克（Viktor Frankl），《意義的呼喚》（*The Unheard Cry for Meaning*）

我們一直在尋覓生命的意義。生命的意義與信任互有關聯，因為尋覓生命的意義意味著尋找我們「可以憑藉或仰賴」的某樣事物。然而在尋覓的歷程中，我們發現生命經驗的出現既沒有取巧方便的解釋，也沒有附加任何保證。於是，我們轉向心理學、宗教或自我。一旦一個人開始賦予生命某種意義，他就會同時期盼著這個意義能反映生命實相。那麼，我們究竟是在發掘一個有意義的世界，還是將意義強加在中性（不具正面或負面意義）的生命實相上？

如果我們經驗不足，就會陷落在觀念／結構和自我對各種想法的詮釋之中，動彈不得。如此一來，我們反而遠離了赤裸裸的真實。每一個成年人的人生旅程都仿若一場「迷宮探險」，生命再再向我們呈現：你休想找到某個觀念整齊劃一的結論、完美有序的系統，或毋庸置疑的闡述。生命中絕大部份的時間，生命的意義與目的是懸宕未決的，但在少數幸運的片刻，所有一切會與周遭世界、與我們完美地契合。

其實，當我們啟動正念、信任當下時，關於生命意義的疑問，將不再需要任何永恆不變的解答。我們開始體驗有意義的此時此刻、感受有意義的情緒感受、看見或接觸到對我們而言有特殊意義的事物。過去那些我們所重視的「一生僅此一次的經驗」、「人生目標」或「生命之終極意義」都變得無關緊要、可有可無。而對最後解答的需求也煙消雲散。因為如同信任般，我們對當下的意義已感到心滿意足了。

人類天生就擁有尋求釋疑之道或降低不確定性的本能。因此，許多傳統宗教傾向於提供一個基於大膽假設的「明確」解答、意義或目的，作為人們在面臨生命艱難和混亂時能獲得安全感的庇護所。一般而言，主導性較強的宗教會強調，人們應盲目服從，並且讓自己的獨立性退讓，無論是針對思想或道德選擇。而鼓勵靈性成長的宗教——較能吸引成年人——則不然，這類信仰以意義共享的架構，協助我們尋求適合自己的個人解決方式。因此，傳統宗教主張的「權威」其實源於我們內在，毋須外求。

我們究竟是從何時開始需要相信某個完美一致的宇宙觀呢？答案是三歲。大約到了這個年齡，孩童會堅決要求成人給予他們清晰明確並足以解釋人生或世界的答案。三歲的孩童會提出「我是如何誕生的？」、「天空為什麼是藍色的？」等無止境的由「為什麼」及「怎麼辦到」開頭的問題。而對三歲孩童來說，一組清晰、明確、前後一致的答案是很適切又容易被理解的。因此成長的另一層含義，即是放下對清晰度、確定性與一致性的過度要求，甚至需求。

身為一個成年人，應能安於生活中出現一些令人困惑、界線模棱兩可、無法充分解答或是謎題日益增多的情況；並能進一步發現，如果你渴望的是「向生命學習」與「對生命探索」，確定性反而是種障礙。想要凡事豁然開朗的另一面就是：剝奪你對不確定性的接受能力。當你開始欣然接受「疑雲重重」的生命，方向清晰將變得不再重要。儘管少了地標，我們依舊可以在人生之旅中勇往直前。

成人發展的重要指標，包括了對模糊、曖昧或不確定性的容忍程度。我想格外強調的是，這全然反映出信任能力的發展過程：在孩童時期，我們需要絕對的可信和可靠；到了成年時期，我們對人性裡可信和可靠的接受光譜變得愈來愈寬廣。

就信任的靈性層面討論，它具備靈性啟發的特質，因為在信任之中摸索時，視野將會超越己身所能掌控的事物，而找到各式各樣的新出路。隨之而來的不再是封閉性的答案，而是更加開放的摸索。真正的摸索不是被教導「你應該要找到什麼」。這同時也是對後現代觀點（postmodern view）最正向積極的信任特質——鼓勵開放式思考、個體自主、平等關係（egalitarianism in relationships）、相對信仰（relativism about beliefs）以及權威質疑。

成熟宗教感情是鼓勵個體面對複雜問題的意識整合……而不降低其複雜性。

——美國心理學家奧波特，《個體及其宗教》（*The Individual and His Religion*）

通往成熟信任的靈性之路

未來的宗教將是富有宇宙觀的宗教，它超越個人的神，避免教條和神學理論……它必是基於靈性或自然相關之事的經驗之上，形成有意義的一體（a meaningful unity）。佛教符合這些特質。

——推測出自愛因斯坦（Albert Einstein）

佛教裡絕大多數的傳統，基本上是無神論（nontheistic）且非神聖的（nontranscendent），因此不具有至高無上的造物主、創世者或全知全能、監管宇宙及承諾救贖的存在。西藏佛教觀當中所提及的眾多「半神半人」（Deities，即神人）是利用人格化的角色，講述每一個人尋求智慧時原本俱足的無盡潛能和契機。舉例而言，藏傳佛法裡的「怒神」是一種半神半人的形象，可能是我們開悟途中的障礙，但祂們其實不是敵人，而是用來教育我們對抗無知的一位嚴厲導師。神人不是真正的人，是被描繪成人，如此方便人們修持。

神人是以視覺化的方式呈現「每一個眾生」本來俱足的神性（亦稱覺性）。因此靈性並不屬於二元對立的觀念，而是用來描繪我們內在各種面貌的神性。因此，神性指的是開悟覺醒的本質，相仿於佛教裡的「崇高力量」或「神聖力量」。

其他傳統宗教多半是將恩典與人類完整性的來源指向一位具體的神，藉由神聖的儀式讓我們得以感受或汲取。根據佛教觀點，我們所需要的早已「預備好了」並「永遠同在」於我們自身的內在。宗教儀式也不是神賴以宣達恩典的媒介，僅是為了展現內在已盡是恩典的靈性。身為一個人類，我們的挑戰便是抵抗猿猴祖先遺留下來的心智或自我，以見到我們透徹的真實本質。而我們擁有的泉源，即為正念。

源自佛教觀點的信仰不會缺少事實證據，因為它必定是基於對自身生命經驗的信任。美國知名禪修導師莎朗．薩思伯格（Sharon Salzberg）在其著作《信仰：信任你最深層的經驗》（*Faith: Trusting Your Own Deepest Experience*）探討佛教信仰的本質：「取決於我們在生命深處所發現的能被仰賴的真相。」此種信任恰好相反於服從教條權威的需要，也是「無法確定對人生奧秘擁有最佳問題與完整答案」的自由。她對信仰的定義與哲學家德日進（Teilhard de Chardin）在《我如何相信》（*How I Believe*）一書中的描述不謀而合：「能夠決定我堅持信仰的唯一因素，必須是……包含了宗教與個人信念的更高層次和諧，而個人信念是在信仰中逐漸發展出來的。」

也因此，成年人要學習的是信任內在生命的深度。他們不會覺得必須被迫堅信某個固有宗教威權的正統觀點或是新世代陳腔濫調的教條，最終，個人信仰真正必要的是與生命經驗相互呼應、與之契合。同時，他們也毋須為了從盲目的信仰中尋求安全感而放棄自身的判斷力和洞察力。他們對自我的信任不是無機的，而是蘊含著生命力；換句話說，他們信任自己的身心早已為覺悟「做好永恆的預備」。

這樣的信仰具備了一股想像與好奇的精神，即使這樣會衍生出更多困惑，我們也能安然自得。它能容忍不保證有最終正解的詰問，它能享受神秘和隱喻式的滿足感。的確，覺者（開悟的人）對缺乏明確性或可仰賴性的世界感到滿心歡喜，儘管這裡不是適用於所有場景的立足處。覺者的住家地址可以是散居各地的「活動式饗宴」。他們能放棄對安全感的渴望，因為他們已在人生最遼闊的休閒勝地了。

禪學大師鈴木俊雄（Shunryu Suzuki）提及，信仰不僅無法仰賴任何人或任何既定信念，也無法經由物質或精神層面得到支持，信仰是「極致延伸的自身，等同宇宙」。依此觀點，自然力量同樣可代表一種超越自己的力量，永遠支撐著自己。

一個需要架構在「某位神前來援助我們」或「某處有個正在等候我們的天堂」的信仰，屬於自我式的信仰（egoic faith）——意指它建立在對保證和特權的需求上。真實信仰的前提是，無論穩固的協助或支撐是否存在，我們依舊能夠相信，也不排除其存在的可能性。這是信仰與尋常信任間微妙的差異。**信任是一時的，憑藉過往顯示的紀錄；信仰是無條件的信任，不必任何憑藉。**

成年人的信仰（例如對神或天主的信仰）並非購入一份保險，無論如何它都不是「誰可以赦免你不受苦難」的保證。信仰是種內在保證，儘管受苦、儘管世界待我們不公，也無法削弱我們一絲一毫愛人能力的完整性。換言之，無條件的信任意味著我們內在無可侵犯的良善。

靈性不受污染，不因自己犯錯而被動搖。當靈性被自行編造的劇情劫持，它仍無法磨滅地存在於我們內心，只要透過正念即能恢復，近在咫尺。這是為什麼過往紀錄在靈性之中無關緊要，因為值得信賴的內在特質隨時可以被活化、被啟動——無論是我們自己或是其他人。

在西方傳統宗教，神能建立個別化的關係，並能分擔我們的痛苦。這類信仰多了神的臨在和陪伴，在其中我們能感受到神與我們一起感受我們的感受。「有祢與我同在」是信任，也是信仰。

如前文中提到的，佛教中的第一個真理為：世間沒有一件完全值得信賴之事（世事本無常），更遑論必定要我們堅信之事。而當我們減輕出於自我欲望和偏執帶來的負擔時，便達覺悟的境界。期待本就難以盡如人意的事物要合我們的意，是苦難的開始。佛教提供我們適合成年階段學習的課程，其中包含信任課程。佛教觀裡的信任稱為「三皈依」（the three refuges），即是所謂的佛、法、僧（the Buddha, the dharma, the sangha）。

三皈依中的「佛」代表我們及所有眾生內在皆有的開悟潛質。皈依佛等同於在當下或任一時刻、任一困境，皈依一條從內在出發，通往覺悟的道路。

三皈依中的「法」代表佛的教誨。皈依法代表信任自己修持的力量能為我們帶來可靠而受益的方法，幫助我們走在開悟的道路上。透過認真履行修持的承諾，信任得以顯現，特別是在正念與慈愛裡。

三皈依中的「僧」代表遵循法的實踐者所組成之團體。皈依僧代表皈依存在於我們與修行眾間的同儕力量。因此皈依僧的含義有一份慈悲，對於那些如同我們自己、正面臨著放下恐懼／欲望（眾苦之源）挑戰之人們的慈悲——這份慈悲另外蘊藏了從對方身上獲得同等對待的希望。

此外，佛還代表了直接的經驗，與來自自我思維、虛假的庇護所不同。佛法從生命經驗中學成，僧侶是緣於共同學習的持續人際關係。

三皈依需要信仰。唯有信仰，才能真心相信每一個眾生皆擁有良善美好的本質——佛性。唯有信仰，才能由衷接受放下執著與遵循慈愛的戒律是真實的自由和解脫。唯有信仰，才能在修持中與他人連結，並產生信任。

當我們因疑惑而感到困擾時，不妨試試密宗的修持方式。在密宗的修持中，不會將疑惑視為待解的問題，而是能**與之共處**的契機，這對生命之光的進入是彌足珍貴的契機。傳統宗教同樣會使用光明、啟發等字眼來表達相似於覺悟的意義。如果「自我」是從未了結的恐懼、永無止境的欲望，那麼「覺悟」便是放下自我這個重擔。

皈依的意思是仰賴。某些傳統佛教支派其實沒有皈依的教義，其中的修持因而變成練習一種無所憑藉的生活方式，即是練習當我們沒有依傍時，究竟該如何生活。這必然可以進一步挑戰並強化我們形成信任核心的技能。

佛陀說法時，以渡河的筏比喻應用佛法的方法（請參考《金剛經》中佛說的「如筏喻者」）。筏可在疑惑之流中承載、運輸我們抵達對岸，然而一旦進入日常生活的叢林之中，在陸地上攜帶一艘筏則顯得多餘。如果將此概念應用在傳統宗教教誨中，我們可以確定一點，即是不需要緊抓某個信條不放，因為每個信條都不過是旅途中方便我們行進的交通工具罷了。此教誨經師傳一代又一代地流傳下來。現在的我們相信祖先的信仰，並不只是因為我們相信祖先所相信的，而是分享一個與祖先相同的信仰。因此，信任是一個集體經驗，而不僅是個人經驗。這就是為什麼信仰能在身心靈的各個層面吸引人的原因。

我們擁有一個內在固有的佛性，供我們仰賴與憑藉，同時也是我們人性喜樂的泉源。這即為真實無虛的信任，靈性最根本的信任。由此之中，我們相信自己能純粹地活在當下，心無旁騖又不偏離真正的生命實相；相信無論旁人如何對待我們，我們都能慈愛以對；相信不管陷在額外的自我折磨之中有多深，都能被停止；相信遭遇再負面的事，終將過得去，因為我們信任自己身處的宇宙不斷演進。信任的姿態千面萬化，何等喜樂！

進一步將對靈性的信任延伸至他人身上，是指我們從未放棄過任何人。我們明確知曉他們擁有同樣能力，可以尋找到屬於他們的生命覺悟之道；他們的內在蘊藏著愛、能夠脫離「自我」，進入更遼闊而崇高的生活。依據於此，報復顯然不可能適用在任何一種情況，而慈愛才是我們的最終依循。此外，慈愛的實踐與修持，有助我們接受其他人在我們受挫時沒有如期前來支援或陪伴、沒有如願滿足我們的需求，或甚至根本拒絕我們。然而我們依舊能在對方改變態度時，欣然接受其善意的表達。靈性的信任因此戰勝一切，世間隨處都是被慈愛占據的領土，推翻每個神經質的自我。

逐一消滅神經質的傾向或慣性——例如恐懼、批判、攻擊、渴求、控制、比較、主觀好惡——以後，健康的自我便得以輕易維持。下一步，我們便能來到藏傳佛教導師創巴仁波切（Chögyam Turnip）形容的新境界「輝煌無比的清明神智」（brilliant sanity），其中的元素包含開放、透澈與慈悲。將「自我」清理乾淨以後的天空，不是寂寥虛無，而是容納了飛鳥、白雲、彩虹的開闊。換言之，拔除了自我，生命中將更充滿容納各樣人事物的餘裕。慈悲與上述方向一致，能幫助我們更向前跨越，因為它將我們從自我身邊帶離，令我們面向人們。靈性課題並非要我們捨棄世間，而是在世間中，為了世間之事分享與融入自己。而事實的確如此。

信任靈性的自己

人類的心理面向分為兩類：個體和集體。集體來說，我們擁有共同祖先；而就個體層面，每一個人都具備自己的獨特性。透過審視自遠古時代起就反覆吸引人性的宗教、神話、符號或圖像之集體源由，我們便能獲取回顧自己、理解自己的知識。此時，成長不僅來自個人的生命經驗，還包括祖先的生命經驗，他們如同我們，尋尋覓覓生命的意義，在其中賦予想像力。從敬仰的古聖先賢身上，我們得益；因為他們曾經提出的目的和命運，可能比現在的我們更加壯麗或更加驚世駭俗。

榮格理論中的靈性我（Self，或稱本質我）表示大於個別自我（individual ego）的潛意識集體身分。榮格所定義的靈性我，指的並非是某個實體，而是超越任何單一個體、同時又屬於每個個體的啟發力量之集合——如同整體的宇宙能量般。印度史詩《薄伽梵歌》（*Bhagavad Gita*）裡提及：「我靈性的本質是足以維繫宇宙之生命力量。」此處所說的「靈性的本質」即是靈性我。許多人將其理解為神或神聖力量。

自我（ego）代表我們每個人心中獨特的思考或感受方式所形成的性格。與靈性我不同，自我（個別自我）是由個體的角色和行為所定義，並且受制於恐懼及欲望。這不代表自我不健康，它可以是健康的，健康的自我是實踐生命目標的助力。只是自我常會被引發我們成癮性或恐懼感的種種事物偏離了方向，成為一座苦難的載具。

完整的「身分認同」同時包含了自我與靈性我。自我隨著我們的誕生而誕生，隨著我們的死亡而死亡；靈性我則是不生也不滅。自我是每個人獨一無二的呈現，靈性我卻是眾生平等皆同的。自我存在於我們的身／心，而身／心又存在於靈性我之中。

自我可以透過心理學瞭解，靈性我卻是個謎。靈性我難以描述，因為它不屬於具體的「什麼」，不是以各種事物組成的世界中所包含的「獨立存在」，然而它是生命的力量，它是每個獨立存在的源頭。

討論至此，或許你已發現，靈性我的正面特質與人們描述神、佛陀、聖賢的形容詞不謀而合——愛、智慧、療癒力量。當我們經驗到「無條件的愛、卓越的智慧或特殊自癒能力」的靈性時刻時，我們便是參與在靈性我之中。許下承諾要以符合愛、智慧、療癒力量的原則（也是我們的生命禮物）生活，即是完整性的真諦。

榮格認為，**對完整性的企求是人類的靈性本能**。靈性即是承諾於實踐完整性。此時，我們已經擁有了各項自我超越的元素，宛若人性旅程的巔峰與滿足，也彷彿地球上「神聖的化身」。

從榮格的觀點來看，神聖的存在等於在我們深層潛藏的靈性我。榮格曾經寫下：「我們所倚賴的『潛意識的心理』，它毫無差異的代名詞即為『神的恩典』。」而「倚賴」一字則是「信任」的同義詞。信任神聖，正是信任崇高的靈性我。

- 當我們的愛成了**無條件的愛**，它發生的契機必然來自更高力量的恩典，而非自我的經營或變巧所能成就。對神聖的感覺，是無條件的愛因恩典而形成的時刻。
- 當我們擁有**超越心智所及的智慧**——一份恩典的禮物，我們會經驗到神聖的感受，因為神被視為亙古不變的智慧。
- 當我們**療癒及和好的能力**增加，而非報復與分裂，我們會感受到神聖的力量，因為神聖的存在關乎「普世性的和好與慈悲」。

以上描述的三種例子就是在說明，在我們化身為神聖的剎那，分別表示超然的神聖、內在的潛能與進入時空的開始。這三者既無法自行喚起，也不受控制。我們將感受到比過往曾有的感受更為巨大遼闊的事物，正在我們的生命中經過、流動。

榮格在與弗德里克．桑斯訪談時曾說：「人類靈魂至要的特質之一即是宗教功能，它使人能夠透過理解存在於己身之中的神聖，得到平靜。」多數宗教均相信人性本善，這良善之所以會失去原本的光澤，只因人們的所作所為。基督教貴格會說：「神在每個人心中。」在傳統的基督宗教信仰中，我們可以從留置內在的精神中，聽見耶穌的意識。而在印度教中，這是眾生神聖的光芒。此外，佛教則說萬物與眾生皆擁有一個覺悟、明智而慈悲的本質——即為佛性。榮格也曾提及，神聖崇高的靈性我（神的原型）在每個個體心中。

這一切都在在描述，萬事萬物的本質超越其外在呈現的樣貌，而每一個人基本上都是良善的，只不過日常生活中，我們未必總是會選擇以良善的方式行事。但可確定的是，我們明瞭「被愛」令自己感到愉悅，而依此起點，我們願意「愛人」。科學研究證實，慈悲可以增強我們身體的免疫反應，令我們更加健康——這是最好的指標，告訴我們良善存在於心，我們只需表現出與之相應的行為。

依據榮格的觀點，當「自我」與「靈性我」協力合作時，我們便完成了「個體化」（individuated）[1]。自我／靈性我（ego/Self）的軸心，是「個別自我」與「靈性我」所組成的聯盟。當自我膨脹，並向恐懼、無知、分裂傾斜時，我們自然而然會將自我交付給靈性我，讓後者決定生命目的。緊接著，恐懼化為慈愛、無知變成智慧，而分解轉化出和解與療癒的力量。

因此，自我不代表摧毀，只是代表可被「重新定向」。如同騎馬一般地駕馭自我，能以更好的方式滿足自我。而駕馭自我的過程，包含了放棄自認應得的權利以及自我中心主義。相反地，我們的焦點將放在付出無條件的愛、以慈悲／智慧兩全的方式待人處事，以追求對世界的療癒和進化有所貢獻。靈修能幫助我們鍛造自我／靈性我的連結；因此，個體化臻於登峰造極之境時，個人整合與宇宙聯繫將化作一體，並成為全然相同

1. 譯注：相似於成熟的自我實現。

的經驗。這是心理健康與靈性健康到頭來毫無分歧的原因。

當我們脫下自我那沉重無比的戲服時，靈性覺醒的光輝將自動因自我阻礙之瓦解而流瀉到內心。現在的自我已成了光線行經的途徑，而不再是遮阻。我們將可信賴那些伴隨著自我混淆的種種，的確是良善、智慧與覺悟的顯現。

靈性我會敦促我們向完整性的方向前進，因而生命中所有發生的事，無論帶給我們的感受是正面或負面的，都是為了打磨我們成就不斷修持的自我承諾，使自我終能與靈性我相契。因此，核心信任是邁向完整性的絕佳練習，榮格這麼形容完整性：「難以抵抗的驅迫與催促，形成我們自己。」此外，他還認為完整性是靈性的本質，其驅使力和生存或性之類的本能同等強烈。

人類最好的可能性即是受喜樂、愛與良善所包圍。健康的宗教或靈性將促進和鼓勵我們將這三種特質發揚光大。生命力不應被壓抑，而應被享受。如同當代靈修大師多瑪斯・牟敦（Thomas Merton）在《愛與活》（*Love and Living*）一書中提到的：「這正是在慶祝、感恩和喜樂的靈性中，尋到真正的純粹。」

在本章裡，我們反覆從宗教、靈性、佛陀或榮格思想的角度，探索在神聖力量之中信任究竟為何物。每個角度都提供我們一些各自的生命意義的思維、修持或原則。但我必須補充的是：你不必遵循上述任何一種現成的路徑。或許你已經找到一條適合自己的路徑，而旁人無權質疑它的有效性，更何況如果它是個振奮且鼓舞人心的選項。

練習　各個層面的覺醒

我們現在應有能力區別「健康的自我」與「神經質的自我」，以及進一步定義「靈性覺醒的自我」。健康的自我使我們具備選擇的功能，能夠選出世界上有哪些事物可幫助我們實踐我們的生命目的（其中包含擁有健康的親密關係）。而如前述，神經質的自我即為等待修正的FACE（恐懼、依附、控制、應得特權）。靈性覺醒的自我是靈性我的軸心，帶來無條件且全方位的愛、生活智慧以及與周遭世界之療癒或和解能力。下方的圖表有助我們一目瞭然三類自我：

健康的自我	神經質的自我	靈性覺醒的自我
需要藉由心理工作將其建立	需要藉由靈性的實踐將其轉化	需要靈修使其不斷進展
擁有明智的警覺性，對他人如何評斷我們的顧慮愈來愈少	恐懼他人可能會不喜歡自己	富有慈愛心
擁有自我信任及自我尊重	堅持自己是對的，缺少道歉能力	富有智慧與開放的心胸

能有效應對且管理自我和人際關係	掌控他人或人生事件	無條件地肯定旁人原本的模樣以及生命展開的方式
能以非報復手段為自己的權益挺身而出，同時能以不抱怨、不責怪的方式接受生命的既成事實	認為優先、受人尊敬、不負責任也毋須彌補、報復、不須接受生命實相等，都是自己的應得特權	具備「允許自己與他人自在生活」的態度，真誠地致力將和解或原諒的可能性化作生命實相
以上特質皆屬「能力」	以上特質皆屬「能力缺乏」	以上皆屬「恩典」
結果：理智清醒	**結果：獲取世俗的成就，或是持續經歷期望落空**	**結果：莊嚴神聖**

使用以上圖表向自己提問：「我現階段的思維模式、行為或人際關係處於表格中的何處？」絕大部分的心理學、心理諮商或心理治療都著重於建立「健康的自我」，而通常不去強調靈性思想或個體／物種演進的價值。雖然心理學可為我們帶來健康的心智，以獲取平靜和幸福，但如此簡化的觀點卻無法滿足持續轉化、不斷創新的人類。我們畢竟遠遠超過了基礎心理學教科書所涵蓋的描述。

該如何整合「心理治療」與「靈性覺醒」的例子之一，就是治療成癮的「十二康復步驟」。心理學的信任工具通常難以達成全然清醒或康復的目標。因此榮格曾針對此議題向「戒酒無名會」的創始人比爾．威爾森（Bill Wilson）建議，在療程中併入靈性課程，例如：

- 承認自我的無力感
- 接受來自一高於自我的神聖力量之恩典
- 建立能支持我們前進的同儕情誼

不要忘了提醒自己，本章依佛教觀所探索的主題以及佛法僧的意涵，即是信任的根基。練習檢視自己如何將這三類的信任來源，應用於日常生活中：

- 要如何仰賴內在潛藏的全面而無條件的愛、現階段的生命智慧與療癒力量？
- 你尋求神聖力量恩典的頻率多高？
- 你經常感謝顯現於眼前的恩典嗎？
- 你與你的靈性導師、支持你的朋友，以及協助你尋求「繼續向前」之生命力的團體之間，親近程度為何？

結語

信任一個充滿恩典的巧合

本書在文中不斷提及的同步性、輔助力量的原型，也就是——恩典。恩典本身會以有意義的巧合「自行發生」，卻無法由我們刻意製造。在同步性的時刻到來時，你就能相信眼前的機會。

有時，不妨將注意力著眼於生命中自然發生、不受控制的事件上，因為它可能正是指向「最有利」之前進方向的標示。這並非迷信，而是信任潛意識與其他超越自我的力量引領我們理解、啟動完整自我的方式。當靈性練習需要引導時，我們可百分之百地仰賴同步性。而這必須遵循以下「目的」：我們不是為了開悟才靈修的；靈修是因為悟性早已存在於我們內心深處，它只是為了將悟性充分展現並化為具體。

我想以自己驚人的親身經驗為本書收尾，其中充滿同步性的恩典。就在本書撰寫工作進入尾聲時，發生了某個特殊事件，這件事對我的心理產生幫助，同時向我展現了慈愛練習的強大力量。

我有一位同父異母的弟弟，當時從康乃狄克州打電話來。他告訴我在一次完全偶然的機緣下，他從朋友向他展示的相片裡發現了我們父親的身影。那張相片攝於一九三二年，當時父親才國二。弟弟的朋友之所以拿出這張相片，只是為了讓弟弟看看自己父親國二時的模樣，但弟弟卻在其中瞥見朋友父親的同學竟然就是我們的父親，而且他在照相時就站在朋友父親的身旁（相片背面有列上人名，因此確定我弟弟沒有誤認）。

弟弟寄給我相片副本，我除了感到不勝感激之外，腦中湧現許多念頭。相片中那位國二的男孩在八年以後成了我的父親，並在十年以後從我的生命之中徹底消失（我的雙親在我兩歲時離異，父親搬走後，我們再也沒有碰面）。我也察覺到，當我想起此事時並沒有特殊感覺，這對我而言相當不尋常。

看到相片後的那個週日早晨，我到綠色峽谷農莊（Green Gulch Farm，一個北加州馬林郡的禪宗社區）去聽佛學演講。我抵達當地時，預定開講時間還沒到，所以我趁機躺在草地上享受灑落的陽光。附近是一處兒童嬉戲區，我可以聽到一些模糊的哭聲或尖叫聲傳來，但聽不清他們的對話。剎時，一個句子進到我的耳裡，清晰無比，彷彿正對著我說一般，緊接著又是一堆語義不明的嘈雜聲。那句話聽來像是一位小男孩對玩伴的回應，原句是：「我有爸爸，但他住得很遠很遠，在聖地牙哥。」（聖地牙哥是南加州一處距離馬林最遠的城市）

瞬間，我淚流滿面。我從孩子的聲音裡感受到失落的痛如此銳利。我想到自己的爸爸，在我整段童年生活裡離我很遠很遠。接著我想到這是世上許多孩子共有的經驗。猶記父母離異時，我曾對自己說：「別人的爸爸有時也這樣。」

我痛快地大哭，不去拭淚、不從草地起身，以免打斷當下的體驗。我理解允許哭泣的重要，也知道自己必須允許自己跟著體驗走。然後銳利的聲音從我內在響起——從不知究竟有多深的內在。我對這次的體驗敞開自我，對意料之外的契機心存感激，而它挖出了這些長久埋葬的情感。我沒有以探究脈絡的方式，試圖阻止自己哭泣或消滅銳利的聲音——這是我平時熟悉而慣用的伎倆：分散注意力。

在體驗過後，我才開始思索並嘗試理解發生在我身上的感受是什麼。我意識到這個經驗與相片的連結關係。在我看到父親年輕的相片時，我並沒有一絲錯過父子關係的哀痛感，但未滴落的淚其實正等著痛快流下的機會，使我能將隱藏內心的哀傷漸漸放手。而這份對我意義重大的偶然，正是因為一位從未照面的男孩的一句話——不偏不倚，剛好是我所需要的出口。**為了打開我們封閉的內在，宇宙真的這麼巧妙、小心翼翼地安排嗎？它對我們蘊藏了這般的善意嗎？**

這次的經驗，是履行慈愛承諾、展現具體力量的實例：我自然而毫不費勁地，從陌生男孩的傷痛進入到我的傷痛，以及所有孩童的傷痛之中，沒有任何間隙。從個人到全面同理的移轉，是實踐慈愛最直接的成果。靈修與心理課題的練習緊密結合的效益，竟能成就一個極為美妙的經驗。

各個同步性彼此之間環環相扣，促成了上述一切：我弟弟朋友的父親恰巧是我父親的同學；弟弟在相片裡認出父親；在預計前往綠色峽谷農莊的週日以前，他恰巧將相片副本寄給了我；週日，我恰巧提早抵達目的地，決定找個草地舒服的一角躺下，享受明媚的陽光；我躺著的地方恰巧臨近兒童嬉戲區；我恰巧聽見一位男孩訴說著與我童年經驗相似的故事，而他的一字一句恰巧是當時唯一清晰可辨的聲音——這是當天我真正體悟的道理。

是什麼神秘的力量造就這一切呢？我們——你、遠方那位聲音尖銳的男孩、我——為何一度懷疑自己，認為自己沒辦法無懼於信任呢？

每個人都擁有過感受到全宇宙的生命友善環繞我們的一刻。

——威廉．詹姆斯，《宗教經驗之種種》（*The Varieties of Religious Experience*）

譯後記

未竟之事終已竟

信任的故事該從何說起？畢竟，它能小至個人最為細微的情緒，大至人類物種集體的宏觀歷史。

即使先就個體論，每一位個體在其獨一無二的人生階段所面對和看重的信任議題，仍勢必不同；它可能存在於親子關係、親密關係、自我實現、社會認同和宗教信仰中。上述各種面向，無一不與「信任」兩字緊緊相依；同時，信任與它的「對象」也密不可分。這對象指的可能是時勢、政府、親友、配偶，或是自己。

想了又想，我的信任故事該從何說起？最後我決定從自己親身經驗的生命故事開始。

過去三年，從前為賦新詞強說的「物換星移、生離死別」，以具體又頻繁的姿態，迎頭向我襲來。就在哀悼未竟的今年年初，編輯湊巧來信，詢問我能否接下本書的翻譯工作。瀏覽內容時，意外看到一句共鳴至深的話：「世間之事不是『為了』讓我們學習什麼而發生的……世間之事發生，『而』我們能夠從中學習。」(It is not that things happen so that we will learn from them.)。當天便立刻答應了編輯，理由很簡單：一，我正需要本書；二，我確定有人正需要本書，如我一般。

於是我有幸體會到此次全新的譯書歷程，在這段譯書歷程，作者透過字裡行間，將我徹底地把自己近三年來，甚至活到目前為止的「未竟」，赤裸裸地全數攤開。這讓向來因缺乏內在安全感而保護色頗重的我，一時之間顯得措手不及。但我沒有中斷我的「內在挖掘及探索工作」。

因此，中文版每一段落的誕生，都來自我與作者以及我與自己內在反覆對話的結果。不知不覺間，作者一步步帶領我重新梳理一遍生命故事至關要緊的悲與歡。

至今我依舊記得本書文字帶給我的震撼，以及震撼衝擊並琢磨後自然衍生而來的力量。而每次震撼與力量的結合，近乎是每次渺小的頓悟。此外，我還驚覺，累累傷痕所成就的可能性，真的無限；因為自我、偏執、控制、內疚、否認、恐懼、以愛之名等，一個個乍看之下負面的心理學名詞，深處其實蘊藏著正面的意義。

這不是過去熟悉的譯書歷程，對我，這既是目睹，更是生命歷程的某一篇章。身為目睹人，當對話過程不時浮現「個案」的抗拒、粉飾、扭曲、偽裝，以及「心理諮商師」試圖一層層卸下病人心防的角力時，我練習身兼二職，來回觀察。身為生命歷程的書寫人，當不捨於被迫放下的因緣、執著於無法妥善道別的遺憾、渴求於某個能永恆依歸的外來解藥時，我練習靜靜地與自己真誠共處。

「不要催促河流，讓河流帶著你進入海洋。」一旦匆忙催促或逃避，我們可能錯過的是生命中最珍貴的每個「當下」，還有這每個當下所賜予的內在滋養。

到了月中，我在潤稿期間重溫電影「少年Pi的奇幻漂流」，並圓滿了這一階段生命故事的主題。其中印象深刻的對話為：「你有個圓滿的結局。」（So your story does have a happy ending.）「這已經是你的故事了，所以結局要由你來決定。」（Well, that's up to you. The story's yours now.）

該落下的自然落下。像淚，像離開樹的一片葉子。

未竟之事終已竟。我滿心感激，且滿心期待未來迎接我的未竟與已竟。

如果要為這個生命故事寫一段結尾，並總結我從本書中理解到的「信任」，我想引用自己日記裡寫下的一段話：「在信任離去之前，我能學習怎麼信任，猶如在死之前，我能學習怎麼活。」

祝福你／妳從本書中經驗同等美好的生命故事。

當恐懼遇見愛

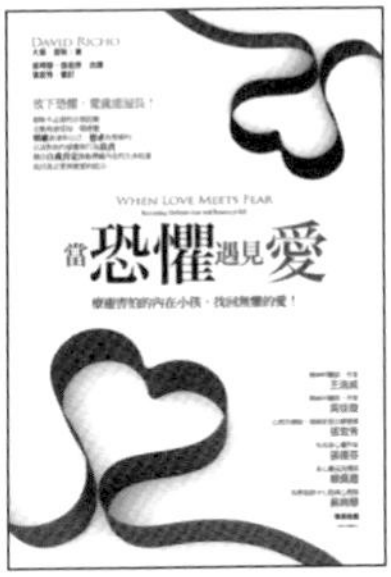

When Love Meets Fear: Becoming Defense-less and Resource-full

大衛．里秋 David Richo 著
曾育慧、張宏秀 合譯、張宏秀 審訂
定價320元

療癒害怕的內在小孩，才能坦然無懼地愛與被愛！

放下恐懼是一項溫柔的功課。
放下並不是拋棄，而是留下來感受自己的情緒，
就像是陪伴著心中那個害怕的小孩，聽他傾訴可怕的夢魘。

每個人都有害怕的時候。我們害怕失去、害怕改變、害怕空虛與孤單、害怕揭露自我、害怕因愛而受傷，卻又怕自己不為人所愛……而隱藏在這些情緒背後的，就是對於愛與被愛的深切恐懼。大部分的人都聽過「內在小孩」這個名詞，但是許多人卻不知道，我們內心還有一個「害怕的內在小孩」，他時時影響著我們，讓我們無法以健康的成人心態去面對生命的種種困境與挑戰。這個害怕的小孩是來自我們生命早期對失落與被遺棄的恐懼，本書將帶領我們去認識他，並且療癒他。

只要放下恐懼，愛就能滋長。放下恐懼並非與之對抗，而是完整地去感受它，並以哀悼功課與「自我肯定」的三種態度與之整合：明確表達你自己、要求你想要的、對你的感覺與行為負責。當我們放下不必要的自我防衛，多關愛自己，疼惜心中害怕的內在小孩，並擔負起照顧自己生命的責任，便能找到深藏於內在的豐富資源。那些令人難受的情緒，會轉化為整合心靈的生命能量，帶領我們敞開自己，擁抱無懼的愛！

與過去和好：別讓過去創傷變成人際關係的困境

When the Past Is Present: Healing the Emotional Wounds that Sabotage our Relationships

大衛．里秋 David Richo 著
梁麗燕 譯、張宏秀 審訂
定價350元

過去的創傷不是沉重的包袱，
而是療癒自己、修復生命的恩賜！
本書帶你更新自己的心靈，
走出人際關係的困境，尋回真正的愛與信任。

人類天生就有一種傾向，會重演往事，或是把現實生活中的人們投射在過去的人物身上。這種現象，佛洛伊德稱之為「移情」。移情作用無所不在，因為我們在成長歷程中，都會經歷許多失落與創傷，這些創傷被我們藏在心靈深處，就像一顆未爆彈，隨時會干擾我們目前的生活、破壞我們的人際關係。在本書中，心理治療師大衛．里秋博士深入探討「移情」的來龍去脈，教導我們如何意識到自己陷入過去，以及該怎麼做，才能從這個毀滅性的模式中將自己釋放出來。他提醒我們，我們會不自覺地將童年或前段關係中的感受、需求、期望和信念，轉移到日常生活中的人們身上——包括我們的親密伴侶、家人朋友，甚或是點頭之交。

本書帶領我們與自己的內在心靈對話，從過去創傷所帶來的影響中，回溯自己生命中重要的未竟之事，並逐步釐清自己與他人的真實面貌，以5A為基礎：關注自己的真實狀況、接納彼此的一切、欣賞並珍惜對方的價值、適時展現愛與情感、以容許代替控制，建立健全而堅實的人際關係，尋回真正的愛與信任。

國家圖書館出版品預行編目資料

信任的療癒力：修復受傷的信任感，擁抱真正的愛與親密 /大衛・里秋(David Richo)作；楊仕音譯. -- 初版. -- 臺北市：啓示出版：家庭傳媒城邦分公司發行，2013.10
面；　公分. -- (Talent系列；25)
譯自：Daring to trust : opening ourselves to real love and intimacy

ISBN 978-986-7470-84-3(平裝)

1. 人際關係

177.3　　　　102018116

Talent系列025

信任的療癒力：修復受傷的信任感，擁抱真正的愛與親密

作　　者／大衛・里秋（David Richo）
譯　　者／楊仕音
審 訂 者／張宏秀
企畫選書人／彭之琬
總 編 輯／彭之琬
責任編輯／李詠璇

版　　權／黃淑敏、翁靜如
行銷業務／莊英傑、林秀津、王瑜
總 經 理／彭之琬
事業群總經理／黃淑貞
發 行 人／何飛鵬
法律顧問／元禾法律事務所 王子文律師
出　　版／啓示出版
台北市104民生東路二段141號9樓
電話：(02) 25007008　傳眞：(02)25007759
E-mail:bwp.service@cite.com.tw
發　　行／英屬蓋曼群島商家庭傳媒股份有限公司 城邦分公司
台北市中山區民生東路二段141號2樓
書虫客服服務專線：02-25007718；25007719
服務時間：週一至週五上午09:30-12:00；下午13:30-17:00
24小時傳眞專線：02-25001990；25001991
劃撥帳號：19863813；戶名：書虫股份有限公司
戶名：英屬蓋曼群島商家庭傳媒股份有限公司城邦分公司
訂購服務／書虫股份有限公司客服專線：（02）2500-7718；2500-7719
服務時間：週一至週五上午09:30-12:00；下午13:30-17:00
24時傳眞專線：（02）2500-1990；2500-1991
劃撥帳號：19863813 戶名：書虫股份有限公司
讀者服務信箱：service@readingclub.com.tw
城邦讀書花園：www.cite.com.tw
香港發行所／城邦（香港）出版集團有限公司
香港灣仔駱克道193號東超商業中心1樓；E-mail：hkcite@biznetvigator.com
電話：(852) 25086231　傳眞：(852) 25789337
馬新發行所／城邦（馬新）出版集團 Cite (M) Sdn. Bhd.
41, Jalan Radin Anum, Bandar Baru Sri Petaling, 57000 Kuala Lumpur, Malaysia.
Tel: (603) 90578822 Fax: (603) 90576622 Email: cite@cite.com.my

封面設計／李東記
排　　版／極翔企業有限公司
印　　刷／韋懋實業有限公司

■2013年10月1日初版
■2019年5月23日二版
Printed in Taiwan

定價360元

城邦讀書花園
www.cite.com.tw

 ISBN 978-986-7470-84-3